人脉通天下

王铁梅◎编著

RENMAI TONGTIANXIA

人脉专家助你打造黄金人脉

天津科学技术出版社

图书在版编目(CIP)数据

人脉通天下 / 王铁梅编著. —天津 ：天津科学技术出版社，
2010.11
ISBN 978-7-5308-6143-1

Ⅰ.①人… Ⅱ.①王… Ⅲ.①人际关系学-通俗读物 Ⅳ.①C912.1-49

中国版本图书馆 CIP 数据核字(2010)第 230322 号

责任编辑:张　萍
责任印制:白彦生

天津科学技术出版社出版
出版人:蔡　颢
天津市西康路 35 号　邮编 300051
电话(022)23332490(编辑部)　23332391(发行)
网址:www.tjkjcbs.com.cn
新华书店经销
天津泰宇印务有限公司印刷

开本 710×1000　1/16　印张 17.5　字数 212 000
2014 年 1 月第 1 版第 2 次印刷
定价:33.80 元

前言

生活中人与人之间相识相处，建立各种关系，关系相互传递，就形成了人脉。人脉是指以自己为中心，向外围辐射的人际感情、利益关系网络。人脉着重强调社交方面形成的人际关系网络，如工作、学习过程中相识的各色人等。人脉中的组成，可以是亲人、朋友或者一面之缘的人，它对人与人之间的关系并没有严格的限定。人脉中人之间都有一定的利益联系，这是组成人脉的基本前提。人脉的稳定程度不一定很高，不像亲情那般持久，也不一定像友情那般可靠，但在人生事业发展中起着重要作用。

常言道：30岁之前拼个人能力，30岁之后拼人际关系。人脉就像太阳的光芒一样向外围空间无限放射，谁的人脉强大、旺盛，谁就可以获得更广阔的舞台和空间，谁就能更快地摘取成功的桂冠。人脉可以使个人超越身体和能力上的局限，运筹帷幄，决胜于千里之外。

很多人把拓展人脉当成非常重要的事情来抓。30岁左右的人，是社会的中坚力量，他们有经验，有梦想和激情，体力充沛，只要用心经营，利用好自己的人脉资源，一定会在事业上有所成就。

从另一方面来说，人脉仿佛是身体上的血管和经脉，当血管经脉畅通无阻时，身体就处于良好状态，一旦经络不通或血管阻塞，就会引发疾病，带来痛苦。经常运动有助于舒筋活血，祛病保健。同样道理，当人际关系融洽而通畅时，生活和事业就处于良好的运作状态中。如果与周围的人出现了矛盾，不仅会影响心情，也会给生活和事业带来麻烦。经常和自己的亲人、朋友、同学、同事保持联系，对建立稳固而积极的人际关系有着很大的帮助。只要人际关系通畅，就可以与朋友互通有无、相互帮助。也可以在联系中及时得到有效消息，从而抓住机会在事业上达到新的高度。

有些年轻人认为自己一无所有，殊不知年轻就是资本，人脉就是财富，广阔的社会就是自己施展身手的舞台。有的人认为人海茫茫，人心叵测，不可能结识到交心的朋友，殊不知以诚换诚，心诚则灵，没有必要使每个人都成为你的朋友。如果你没有在你的周围树立敌人你就及格了。如果你与周围人能达成思想上的共识，可以合作一些事情，你就已经做到了良好。如果你可以与志同道合的人们结交成为知心的挚友，那么你已经做到了优秀。

我们在生活工作中，需要部分挚友，众多的朋友，极少的对手。朋友是桥，使你到幸福、成功的彼岸，连接着希望与支持。对手是墙，是人生道路上的障碍，同时也激发我们潜在的力量，使我们冲破重重困难，焕发出生命的光彩和青春的活力，最终到达成功的目的地。

人脉就像一张大网，要我们在日常生活中不断去编织，扩大网面。人脉就像烟波浩瀚的海水，需要千万条溪水注入。人脉就像一个粮仓，是由无数粒粮食堆积起来的。

简单来说，人脉就是在生活中日积月累聚拢的人与人之间的情谊。经营人脉不是不可为的难题，只要用心，只要坚持，就像拾豆一样简单，今天一颗，明天一颗，不知不觉已经聚集起一个人脉粮仓了。

怎样正确认识人脉的重要性，怎样建造人脉，怎样经营你的人脉资源，怎样把人脉资源物化为事业上的成功、生活中的乐趣，本书将为你娓娓道来，它将帮你打造人人羡慕的人脉大网，从而在奋斗的人生征程上助你一臂之力。

目 录

第一章
人脉就是命脉

美国前总统的西奥多·罗斯福曾说："成功的第一要素是懂得如何搞好人际关系。"成功学大师卡耐基曾说："专业知识在一个人成功中的作用只占15%，而其余的85%则取决于人际关系。"那些成功者无论个人能力多么强大，也都千方百计集中大家的力量解决问题。孤军奋战是他们最忌讳的，他们十分清楚：构建什么样的人脉圈子最能带给自己帮助。他们自觉拓展交际圈，积累了丰厚的人脉资源。只有懂得珍惜每一根人脉，才能把人脉维持长久。

人际关系是银行中的人脉账号

人脉在一个人的事业发展中起着至关重要的作用，它可以带来机遇、带来财富，促进事业走向成功。它就像一个蕴藏丰富的宝藏，只要发掘就能不断汲取力量；它又像银行里的一个账号，要想攀上事业的巅峰，就必须小心翼翼地建立并保护它。若是忽视了这条重要的黄金法则，就会与成功背道而驰，越行越远。

人脉是一张无形的存折，折子里的存款会改变一个人的命运，但是它需要人们一点一滴地去积蓄，如果不懂得管理自己的人脉存款，这个存折就发挥不出应有的作用。

很多成功人士都深深意识到了人脉账户对自己事业成功的重要性。被称为美国杂志界奇才的埃德沃·波克，最初是穷得差点饿死的波兰难民，他一生仅上过6年学。

13岁时，波克辍学到一家电信公司工作。利用工作后的闲余时间，他一直坚持学习，加强自身修炼。他省吃俭用，买了一套《全美名流人物传记大成》。接着，波克做了一件史无前例的事情：他直接写信给书中的人物，询问书中没有记载的关于这些人的童年往事。例如，他曾写信问当时的总统候选人哥菲德将军，是否真的在拖船上工作过？他又写信给格兰特将军，问他有关南北战争的事。年仅14岁、周薪只有6美元25美分的小波克，就是用这种方法结识了当时美国有名望的大人物，这些人有哲学家、诗人、名作家、军政要员、大商贾、大富户，等等。当时的那些名人们，也都乐意接见这位充满好奇心的波兰小孩。

获得名人们接见的波克从此立下了雄心壮志，决心要闯出一番事业来。为此，他努力学习写作，然后向上流社会的名人毛遂自荐，替他们写传记。一时间，订单如雪片般飞来。

不久，这个传奇性的年轻人被《家庭妇女》杂志聘为编辑，并且一做就是30年，将这份杂志变成了全美销量最高的著名妇女刊物。波克的成功得益于人际关系银行中的人脉存款。

如果你是一个处境很糟，但却充满理想的年轻人，那么对于你来说，最首要的事情就是迅速积累人脉，进而去捕捉成功的机会。

人脉如同血脉，如果说血脉是人的生理生命支持系统，那么，人脉则是人的社会生命支持系统。

人脉如同树脉，一棵小树苗要想长成参天大树，成为栋梁之材，必须要有粗壮厚实的根脉汲取大地的营养，必须要有充足丰富的枝干和纤细纵横的叶脉吸收空气、阳光和雨露。一个人要想取得事业的成功就应该有广博的人脉，为自己提供各方面的资源。

在一个人走向成功的路途中，人脉是影响你的行程的最重要的因素。就好像一个木桶，决定木桶容量的永远都是那块最短的木板，人的命运就是那个木桶，人际关系就是你生命中的那块最短的木板。

著名魔术大师豪华·哲斯顿最后一次在百老汇上台的时候，《创富学》作者希尔对他进行了长时间的访谈。哲斯顿这位享有盛誉的魔术师，前后四十年，给大家制造了一个又一个百思不得其解的幻象。人们争相观看他的表演，而他赚了几乎200万美元的利润。希尔请哲斯顿先生告诉他成功的秘诀。

哲斯顿的回答令他太吃惊了。他说他有一样东西其他人则没有，那就是对魔术的狂热和对观众的热诚。每次走上台，他都对自己说："我爱我的观众！我很感激你们能来看我表演，是你们使我的生活变得美好。我要把你们当做朋友，并把我最高明的手法表演给你们看。"希尔听完后总结说：哲斯顿的成功秘方如此简单，那就是富有爱心，让所有见过他的人都感觉到他的真诚和用心，所有人都喜欢和尊重他，他赢得了大量的人脉存款，这些人脉存款逐渐转变为现实中的存款，这就是一位有史以来最著名的魔术师成功的秘方。

不断扩大自己的人脉网络是提高自身竞争力、开拓事业的一个重要手段。能够利用他人的优势，与之建立良好的合作，是成功的法宝。

如果一个人的生命中出现贵人给予帮助，并且他能珍惜眼前的机会，那么，他的事业将会大有改变。

在美国流传着一个真实的故事。一个风雨交加的夜晚，一对老夫妇走进一家旅馆，想要住宿。饭店的夜班服务生非常抱歉地对他们说："不好意思，今天的房间已经被早上来开会的团体订满了。外面下着雨，你们何不待在我的房间里呢？它虽然不是豪华的套房，但是很干净。今晚我值班，我可以待在办公室里休息。"看到服务生的态度很真诚，于是老夫妇俩接受了他的好意。他们也很感激这个年轻人为他们提供的帮助。

第二天，雨过天晴了。老先生前去结账时，站在柜台值班的仍是昨晚那位服务生。服务生亲切地对老先生说："昨天您住的房间并不是饭店的客房，所以我不会收您的钱。您和夫人睡得都好吧？"

老先生点头称赞道："你是每个旅馆老板梦寐以求的员工，或许改天我会帮你盖一座旅馆。"

几年后，这个服务生收到一位先生寄来的挂号信。信中说了那个风雨交加的夜晚所发生的事，另外还附有一张邀请函和一张纽约的来回机票，邀请他前去纽约观光旅游。

在抵达曼哈顿几天后，服务生在第 5 街及 34 街的路口遇到了那位老先生。这个路口矗立着一栋崭新的华丽的大楼，老先生微笑着说："这是我为你盖的旅馆，希望你来为我经营，还记得我说过的话吗？"

由于过分惊喜，这位服务生说话变得结结巴巴："您是不是……有什么条件？您为什么选择我呢？您到底是……谁？"

"我叫威廉·阿斯特，我没有任何条件，我说过，你正是我梦寐以求的员工。"

这旅馆就是纽约最知名的华尔道夫饭店，这家饭店在1931年开业，是纽约尊荣极致的地位象征，也是各国高层政要造访纽约下榻的首选。当时接下这份工作的服务生就是乔治·波特，一位奠定华尔道夫世纪地位的推手。

毋庸置疑，是遇到的贵人改变了这位服务生的命运。由此可见，人脉资源越丰富，你的人脉档次就越高，事业发展就越顺利。

人脉就是财富，关系就是能力。好人脉是一座挖不完的金矿，是一笔无形的财富，它就像一个无形的存折供我们解决生活、事业中遇到的困难。

温馨小贴士

人们有意识地将多余的钱财存进银行以备不时之需，是否想到将信誉、真诚、善解人意等存进人脉存折以增加自己人际关系的砝码呢？人际交往账户中能够增加存款的是礼貌、仁慈和信用。这会使别人对你更加信赖，在必要的时候发挥作用。即使无意中做错了什么事情，也可以用这笔储蓄来弥补。相反，粗野、自大、无礼与失信等会减少人情账户的"余额"，甚至透支。那时，人脉网就会亮起红灯了。

人脉孕育机遇

我们都知道事业的成功不仅依靠个人能力，还要抓住好的机遇，那么机遇究竟是从哪里来的呢？仔细推究不难发现，人脉就是机遇，那些人脉资源非常丰富的人，往往有更多的发展机会。那些抓住机会获得成功的人也往往有一张巨大的人际关系网，他们与这张网上的其他人保持着顺畅的联络与融洽的合作，这样往往消息灵通、办事高效。

一个人生活在社会中只有努力建立人际关系、精心维护关系网络、善于利用人脉资源，才能抓住机会，事事领先。从表面上看，那些人之所以能够抓住机遇是因为他们运气好，但实际上机遇是由他们自己创造的。

一个人取得成功，80%归因于与别人相处，20%才是来自于自己的能力。人是集体生活的动物，在这个大集体中人与人之间的联系是密切的，只有在这个社会中游刃有余、进退自如，才可为事业的成功开拓宽广的道路。如果没有非凡的交际能力，就可能处处碰壁。这就体现了一个铁的定律：人脉就是机遇！

人际交往为人们提供了这样的机会，既让你结识他人，也让他人认识你，当双方对彼此的品行、才干、信息相互了解时，人脉活动就可能结出两个甜美的果实：密切彼此的友谊和获得发展的机遇。由此看来，交际活动是机遇产生的媒介。

机遇对每个人来说都很重要，好的机遇，可以改变一个人的命运，能使一个人在一夜之间发生改变，上一顿还仅仅靠面包过活的人由于抓住了机遇，下一顿就可能吃上山珍海味。

曾经有人说："一个人70%的机遇来自人脉。"不善于经营人脉的人无法有效地把握眼前的机遇，常常与机遇失之交臂。因此，好人脉不仅能够为你创造机遇，还能助你把握成功。

也许有人说："是金子终究会发光"，但是，在我们的生活中满腔抱负、满腹经纶却郁郁不得志的人不计其数。在中国百富榜上数十位成功企业家最看重的成功要素当中，机遇排在第二位。可以说机遇就是人脉的别称，因为人际关系的优劣，会直接影响机遇的多少。人际关系最大的作用便是充当传递信息的通道，广博的人脉会带给你更多有用甚至独家的资源，从而让那些难得的好机遇落在你的身上。

在现实社会中，很多人常常以我没钱或者没时间为理由，躲在自己的小圈子里，拒绝参加任何社会活动。其实，想要拓展自己的人脉网络，爱钱之前必须先学会爱人，接近人就等于接近财富、接近前途。只有融入各类人群，不断打开人脉通道，一通百通，才是增加财富和寻找人生机遇的最佳捷径。掌握了人脉就等于掌握了财脉，因为人脉会让我们遇到贵人，而贵人会为我们创造许多机遇。

得人脉者得天下。现代社会的日益发展已经越来越显示出人脉的重要性。要做好一件事，不能靠一个人花100%的力量，而是靠100个人花个人1%的力量。市场细分、专业分工，只要你拥有一项资源，就可以为你的生活创造机遇与财富，而人脉是所有资源中最重要的一项。如果你有敏锐的洞察力去捕捉商机，加上你的人脉，那就意味着赢得财富的机遇属于你。

也许你并不将此事放在心上，而认为只有从事保险、营销、演艺、新闻等行业的人员才需要重视人际关系。实际上，只要生活在这个社会中，人脉竞争力就是非常重要的，它适用于任何领域。

现在，你不妨静下心来想想看，你曾经有多少次与机遇打了擦边球？如果认识到了机遇的重要性，那么，从现在开始就着手建立你的人脉网，寻找你的机遇女神吧。

西班牙著名作家塞万提斯的《堂吉诃德》中有一句经典台词："有关着的门就有开着的门。"那扇为我们敞开着的大门，就是机遇。学会把握机遇，这是为人处世的一项重要学问。要知道，机遇不是随处可见的。机遇很宝贵，你应该像珍惜你的生命一样去珍惜它，因为它来之不易而且稍纵即逝；机遇就像有待开采的宝藏，你应该像开发你的人生价值一样去开发它。

机遇的出现是难以捉摸的。善于抓住机遇的人，处处都是机遇；轻视机遇的人，即使良机来敲门，也会错过。所以，我们要主动创造机遇、寻找机遇，千万别因错过机遇而让自己后悔一生。

你是否注意到你身边现有的机遇呢？其实，你的人脉就是你的机遇，俗话说：一个人要想成功，天时、地利、人和必须同时具备。天时、地利这些非人为的因素我们无法控制，但人和不同于前两者，只要我们能与人进行良好的沟通，这种机缘随时可以光顾自己。

"天大的面子，地大的本钱"，说的就是这回事。人脉来了，机遇还会远吗？成功还会遥不可及吗？编织人际关系的同时为我们引来了很多的可能，你不仅认识了别人，别人也了解了你，彼此间形成了很好的沟通、互换，这种交往会让你喜获丰收，甚至一举两得，既加深了友谊又获得了发展的机遇。交际活动是机遇的催产术。善于开发人脉资源，捕捉机遇，成功的彼岸便离我们更近了。

"让你的人脉帮你"，这是全球最成功的华裔女性雅芳 CEO 钟彬娴的成功经验。最近，《时代》杂志评选出了全球最有影响力的 25 位商界人物，钟彬娴是唯一入选的华人女性，她的成功之路被许多人认为是一个奇迹。而奇迹中蕴涵的奥秘其实很简单。

1979 年，来自平民家庭的钟彬娴以优异的成绩从普林斯顿大学毕业，她决定先在零售业锻炼自己，她认为积累一些经验对自己会很有帮助。事实证明：零售业的经历培养了她的悟性，锻炼了她的意志与耐性。之后，她加入了布鲁明岱百货公司，成为一名管理培训人员。

钟彬娴并没有因为她的家族都是专业人士而放弃零售行业的工作机会。当她与客户打交道时，深深体会到了工作的艰辛。然而这并没有动摇她的意志，而是更加坚定了她的选择，她决心在工作中开拓自己的人脉。

机会总是留给有准备的人，钟彬娴不失时机地抓住了摆在面前的机会。

在布鲁明岱百货公司，钟彬娴遇到了公司首位女副总裁万斯。此人自信机智，讲话清晰有力，进取心强，是个不多见的女强人。钟彬娴意识到，如果想要在相互搏杀的商业社会叱咤风云，就必须摆脱亚洲人甘于服从这一特性的束缚。于是，为了向万斯学习丰富的工作经验和技巧，钟彬娴像对待老朋友一样对待万斯，用心来交流，用真诚来互动，很快取得其信任，让她心甘情愿充当自己的职业领路人。

“有些人只等着机会来临”，钟彬娴说，“我不这样，我建议人们要抓住能带你飞翔的人的翅膀。”在万斯的帮助下，钟彬娴在布鲁明岱百货公司升迁很快，到了20世纪80年代中期，一跃成为销售规划经理、内衣部副总裁。

后来，钟彬娴开始兼任有着110多年直销历史的雅芳公司的顾问工作。在雅芳，钟彬娴卓越的才华和超绝的人脉拓展能力吸引了雅芳CEO普雷斯的注意力。七个月后，她正式加盟雅芳公司并很快便在雅芳集团中拥有了自己的人脉资源，并以卓越的管理才能获得高管普雷斯的认可，与之结为好友。

1999年11月，在经济高速膨胀时期，雅芳的发展趋势不容乐观，出现了股票下滑的势态，销售量也随之下降。这时，普雷斯力荐钟彬娴继任 CEO 接手雅芳。钟彬娴不负众望，在短短的 20 个月内，从广告、加工、包装、销售等各个环节对雅芳进行了大检修，雅芳产品再一次靓丽登场。更令人感动的是，钟彬娴延用老职工，使原来的销售队伍重现活力。这无疑是广建人脉的策略，不仅树立了威信而且使得她的每一项改革都顺利进行。

一个没有任何后台背景的女性，在不惑之年就能创下如此辉煌的业绩，不能不说是一个奇迹。钟彬娴成功的关键就在于善于建立好自己的人脉，找对了自己职业生涯中的关键人物。这也正是当代速成的法则，成功的捷径。

温馨小贴士

俗话说："一个好汉三个帮"，在成功者的背后是无数的支持者。朋友越多，机遇越多，人生的道路会越宽阔。宽广的人脉可以获得更多的信息，这些信息也往往为你提供可遇不可求的机遇。人脉丰厚往往会遇到贵人，贵人相助是很多成功者人生中的大机遇。所以说人脉与机遇是相伴而生的，它们就像是一对双胞胎一样陪伴在成功者的左右。

成为人脉网上的闪光点

人在职场身不由己，但有一点可以做到，就是你可以营造自己的良好人脉，选择对自己有重要影响的人物，给自己创造更多的机遇，让自己成为人脉网上的闪光点，让更多的人发现你的存在，让更多的人感受到你的亮光。

在MBA学员眼中，“机遇”是十大财富品质的首选。现在流行说“机遇”的潜台词是“关系”，对于它的理解就是人际关系越广，机遇就越多。中国兴起的MBA热潮就是一个佐证，读书不仅为了“充电”，更为了搭建高品质的人脉关系，并从中寻找成功的机遇。即使是哈佛商学院的毕业生，在总结读书的收获时，也把“建立朋友网络”放在第一位。

哈佛商学院建院90多年来，有超过6万名校友，这些校友多半已是各行业的精英，在团结精神的凝聚下，织成了一张强大而稳固的人脉网络。在中国创业的哈佛MBA体会最深，他们在没有其他背景的情况下，靠的就是哈佛MBA这块敲门砖，这张庞大的人际网。

但建立人脉、经营人际关系并不意味着要认识成千上万的一块儿吃吃喝喝的朋友；也不意味着善于利用利害关系牵动许多人帮你做事；更不意味着要费尽心机地拉关系。健康的人脉在于用自己的真心和他人建立相互交流和提携的关系。夹杂太多的势力和利害关系的人脉就改变了真诚建立人际关系的初衷。

然而，有些人在建立人脉网络上，往往虎头蛇尾。人脉建立之前，他们竭尽全力、绞尽脑汁、勇于付出、从不懈怠，一旦人脉的桥梁搭建好了，他们就沾沾自喜，以为万事大吉，便松懈下来。如此不珍惜人脉，也就放弃了成功的机会，最终前功尽弃。

总之，要想脱颖而出，成为众人当中的闪光点，就要用你闪亮的眼睛捕捉每一次成就你的机遇。人脉是你成功的关键。人脉是不可忽视的一笔潜在财富，没有丰富的人际关系，无论做什么事都将举步维艰。

换句话说，你的人际关系越丰富，你的能力也就越强。别人办不了的事情，你可能一个电话就妥善解决了；反之，你使出吃奶的力气都解决不了的问题，却有人能不费吹灰之力就办好了。归根到底，创建有效的、丰富的人际关系就是选择了通往成功的近道。

虽说是金子就会闪光，但那也需要有人能看见它的光亮。现实中不乏这样的人，相貌堂堂，胸怀大志，才华满腹，既有学历，又有超强的工作能力，然而却没有机会发挥自己的才能，甚至是别人眼中的失败者和负面教材，于是烫金的文凭不再是传统意义上的通行证，丰富的经历也失去了它的说服力。这样的人真的是“命苦”吗？当然不是，千里马还需要伯乐呢。

美国老牌影星寇克·道格拉斯年轻时屡遭挫折，通往成功的道路上险阻重重。当时没有人会认为他能成为明星，包括许多知名大导演都没有认可他这方面的天赋。但是他却非常自信，认为自己一旦有了机会定然名满天下。有一回，寇克搭火车时与旁边的一位女士攀谈起来，没想到这一聊，聊出了他人生的转折点。没过几天，寇克被邀请到制片厂报到。原来，这位女士是位知名制片人。

可以看出，即使寇克·道格拉斯这样的千里马，也要遇到伯乐，一切才能美梦成真。

一个想成功的人如果能注重修养，才能更好把握人脉和机遇。大多数人，工作中不可避免要遇到挫折，有能力不被重用或者和身边的同仁明争暗斗，其实行走于职场中我们要学会不温不火，注重修养，才能更好地把握机遇。

愤怒无非来源于情绪上的失控，这种情绪在受到外界的刺激与自我抵触时迸发出来。愤怒来得快但消失得慢，如果愤怒的情绪处理不当，会惹出许多负面影响。首先是自己因郁结不开心进而导致得罪别人，人脉基础薄弱也可导致工作不顺心，严重地说会导致工作不保，丢掉饭碗。此外，大多数疾病的形成也和愤怒有直接关系，如失眠、健忘等。

怎样才能控制愤怒情绪呢？首先平时应培养正确的审时度势态度，学会从多角度来看待不顺心的问题，变换立场采纳合理正确的意见；更要学会尊重旁人，戒骄戒躁，谦虚礼让，不耻下问，虚心求教，这些都可以避免因不良情绪导致的负面效应。

通过适当的户外运动来分散注意力，可以调节情绪。最基本的锻炼就是通过肌肉放松和深呼吸来调整身心平衡，通过冥想方式亦能有效舒缓压抑。缓解或是消除愤怒后，可以帮助自己从卑俗的思想中解放出来，从而在总结中吸纳新观念，协调好人际关系。没必要做一个本就劳苦辛酸的工作之余又多加一份郁闷的上班族；要时常提醒自己做一个“笑口常开”的职场人。

并不是所有愤怒都是负面的，有时愤怒是为了维护自己正当权益，挽回不必要的损失，提高心理地位，也是请对方勿侵犯自己底线的警告。总之注重良好修养，才能更好地把握人脉和机遇。

京城“火花”首富吕春穆就是一个很好的例证。吕春穆原本是一位美术教师，也许是基于职业的敏感使他留心了杂志上关于火柴商标引发学生们学习兴趣和创作灵感的报道，他决定收集火花。于是，他展开了广泛的交际活动。通过联系火柴厂拥有了几百枚各式各样的精美火花。

此后，他主动走出去和相同爱好的花友交流信息。1980 年，他结识了在新华社工作的一位“花友”，这位热心的花友一次就送给他 20 多套火花，还给他提供信息，建议他向江苏常州一花友索购一本花友们自编的《火花爱好者通信录》。由此他欣喜地结识了大批火花爱好者。他与各地花友交换藏品，互通有无；他利用寒暑假，遍访各地藏花已久的花友，还通过各种途径与海外的集花爱好者建立起联系。就这样，在广泛交往中他得到了无尽的乐趣和享受，为他成名创造了机会。他的火花藏品得到了国际火花收藏界的承认，并跻身国际火花收藏组织中。

1991 年他的几百枚火花精品参加了在广州举办的“中华百绝博览会”，他以 14 年的收藏历史和 20 万枚的火花藏品，被誉为火花大王而名扬京城、独领风骚。很显然，吕春穆的成功得益于交际。他以“花”为媒，结识朋友，通过朋友再认识朋友，一直把关系建立到全球，从而，一次次机会降临，使他走向了成功。

金钱、背景、机会也许这一切你现在还没有，但是你可以打造一把叩开成功之门的金钥匙，这把金钥匙就是人脉。这是一个人脉的年代，谁都不可能成为鲁滨孙那样的孤胆英雄，而应该是站在巨人肩膀上的英雄，而成就这一切的同样也是人脉。

如果我们静下心来想想，就会理解现在社会流行的一句话：“成功不是看你做什么，而在于你认识了谁”。这句话可能有些片面，但有着深刻的道理。

为了你能够更好地发展请马上构建你的人脉吧，也许你会问：生活中就那么大的圈子，怎么才能认识更多的人呢？

现在发达的网络可以帮助人们接触到更广泛的人群。举个例子，比如说“金牌群英网”可以帮你建立上下 13 层的人脉网络，在这里你可以快速地建立起你的人脉，你只要每月邀请 10 个朋友来，你的人脉总数每月就会增加 10 多万，很快你的人脉就可以达到 100 多万人，他们都是你事业的助手，你有了这样的人脉做什么事情都会很容易。

在你的人脉达到一定数量后，可以申请开通广播功能，你发布一条消息，可以瞬间让数百万人知道，这比一家市级电视台的观众人数还多，它能创造的价值不可估量。

让我们不断接触更多的人，在生活中积累更多的人脉，让每一次与人交往都成为提升自己的机会。

温馨小贴士

在我们的周围有些人很有人缘，他能与各类人成为朋友，无论谁组织什么活动都会叫上他，只要他在，整个会场就会很有气氛，他总是那么令人瞩目、令人信服，言谈举止都透露着无限的魅力。这样的人颇有人气，往往拥有一个庞大的人脉网络，他就是人脉网络中的闪光点。要成为这样的人，需要不断提高自身的综合素养，要有宽大的胸怀，幽默的气质，以及助人为乐的精神，只要用心去做，就会成为人脉天空中最亮的那颗星。

从人脉大树上获取财富

我们处在一个不断变化和迅猛发展的时代，节奏不断加快，机遇对于我们来说稍纵即逝。那么如何把握好机遇，使自己如愿地实现梦想和拥有财富呢？有专家指出：现代社会的发展已经显示，在技术、资金、人力资源这三个生产力要素中，人力资源的重要性越来越凸显出来。一个人要想聚财，就先要聚人；有了人气，才会有财气。

人脉资源是一种潜在的无形资产。表面看来，它是不可触摸到的财富，没有它，就很难聚敛财富。即使你拥有很扎实的专业知识，还具有雄辩的口才，却不一定能够成功地促成一次商谈。但如果能得到成功人士的协助，为你美言几句，相信你谈判的效果就会好许多。

人脉资源与你赚钱的机会是成正比的，你的人脉档次越高，你的财富就来得越快、越多，这是被实践验证了的真理。

当你想要开创自己的事业时，必须具备哪些条件呢？首先是资金，银行可以帮你实现这一条件。至于技术你也不用担心，因为有人以贩卖技术为生，你当然也能够买得到。即使买不到，和某公司进行技术合作也是可行的。

所以，人是事业发展最重要的因素，是成功与否的关键。人、技术、资金这三大条件的核心就是“人”。如果你有足够丰富的人脉资源，那么资金和技术问题就能迎刃而解了。

即使现在你只是一个不起眼的小人物，你一定经常会有：“如果我有足够多的关系，一定可以更加顺利地完成这项工作。”“如果和那位关键人物能够牵扯上关系，办事就方便多了。”的感触吧！因为，只要拥有关键关系，办事就可以省去很多麻烦。这就是人脉的作用。

每个渴望成功的人都希望那些有影响的大人物能够助自己一臂之力，使自己在事业的发展中能够少遇些障碍。可见，搭建丰富有效的人脉资源是到达成功彼岸的不二法门。

所以，你在公司工作最大的收获不只是你赚了多少钱，积累了多少经验，而更重要的是你积累了多少人脉资源。人脉资源不仅对你在公司工作时有用，即使你以后离开了这个公司，仍然受益无穷。拥有这样一份人脉名单，你就会知道在创业过程中一旦遇到困难，该给谁打电话。

假设你是个业务员，那么，你的最大收获就不只是工资、提成以及职务的升迁，已经搭建起来的人脉网才是你终身受用的潜在财富。

假设有一天，你的事业破产或家庭遭遇不幸，急需5万块钱，你能保证有几个朋友毫不犹豫地向你伸出援手？越是在危难之时，人脉越显示出它的重要性。当世界改变时，有一件事会一直保持不变，那就是你一生中建立的人脉网络。但是，对任何人来说，构建人脉网络，并不只是在危难的时候才需要，而是每一天都需要。因为成功也要靠别人，而不是单凭自己。

对于个人来讲，专业是利刃，人脉是秘密武器，如何以自然的、有创意的、互利的方式去经营人脉是值得深入研究的课题。由此可知，人脉对于成功是多么重要，无论从事哪一行业，如果我们有良好的人脉，实现理想就很有希望；如果我们不知如何与他人相处，那么要获得成功就很困难。

陆曼是一家投资银行电脑部门的技术主管。一天早上她开完会刚走进办公室就接到了部门经理陈军的电话，她赶到陈军的办公室，陈军开门见山地说：“公司决定解雇张鹏。”这让陆曼大吃一惊，张鹏是她手下一名高级软件工程师，几个月前才从另一家投资银行的电脑部门挖过来，能干、努力、忠诚，是她的得力助手，她希望为张鹏争取留下来的机会。不禁问："为什么呢，他能力强又很敬业。"

陈军无奈地说："他和公司基础技术设施组的成员之间简直无法沟通。没有团队精神的人，能力再强又能怎么样？"

陆曼谨慎地回答："他曾经提过公司应用软件还有改进的余地，他正在和该部门的设计人员沟通，试图说服他们改变程序。"

陈军生气地说："他对同事的态度存在很大问题，主设计师投诉他不仅不合作，而且傲气十足，还口吐脏话。主设计师说他无法与张鹏一起工作，要么张鹏走人，要么他走。我和总经理讨论后决定让张鹏走。"

尽管张鹏勤奋能干，但是他在工作中不注重与人相处，被公司高层认定为无法合作的员工。陆曼无力回天，张鹏被解雇已成定局。

这不只是张鹏一个人的误区，很多人都走入过这个误区。即使是那些以技术为主的企业也同样看重个人的合作能力、人际交往能力，无法与人沟通的员工不仅工作效率低，还会影响其他员工的工作态度，有时候给公司带来的损失甚至更甚于那些专业能力不如他的人。据有关调查，离职的员工中约有三分之二不懂得与别人的相处之道。

在知识经济时代，技术、知识迅速更新，如果你懂得如何以自然的、有创意的、互利的方式来经营人脉，则会强化你的竞争力。善用人脉，一分耕耘，数倍收获。

一位成功的商人说过："人际关系就像播种一样，播种越早，收获越早；撒下的种子越多，你收获得也越多。"当然，众所周知，一种人际关系能否给自己带来利益回报，完全取决于自己是否精心播种与培育。那些培养人脉的技巧，就变成了我们不得不去研究的重要课题。多积累人脉就增多通往财富的道路，广博的人脉再加上超强的能力就等于握住了财脉。

有一位保险推销员，工作之余经常去拜访一位老太太，与老太太聊天，陪老太太散步，帮老太太做一些家务。这样过了一段时间，老太太在感情上就有点依赖他了，常常请他喝茶。令人难过的是，有一天老太太突然去世了。这位推销员怀着悲痛的心情去参加老太太的葬礼，当他抵达会场时，发现另一家保险公司也送来两只花圈，他很纳闷："究竟是怎么一回事呢？"

一个月后那位老太太的女儿到这位推销员服务的公司拜访他，说："我就是另一家保险公司经理的夫人。我在整理母亲遗物时发现好几张您的名片，上面还写有一些十分关怀的话，我母亲很小心地保存着，而且我以前也听母亲谈起过您，非常感谢您带给我母亲晚年的快乐。"

夫人说着向这位推销员鞠躬致谢，眼角还噙着泪水，说："为了答谢您给我母亲带来的温暖，我瞒着丈夫向您购买贵公司的保险。"然后拿出 20 万元现金，请这位推销员签约，对于这种突如其来的举动，这位推销员大为惊讶，一时间不知道说什么才好。真诚的态度可以感动人，同样也可以使你收获想要的东西。所以从人脉树上获取财富不是不可能的。

大家都读过《水浒》，书中的"一百零八条好汉"是一个合作很好的团队，他们都是通过人脉网被联结到一起的。《西游记》中也不是唐僧一人取经，而是由神通广大的孙悟空、猪八戒、沙和尚辅佐完成的。双桥好走，独木难行；一人单挑，匹夫之勇，难成大事。特别是在当前快速发展的经济时代，人脉已成为专业的支持体系。

拥有人脉就高人一等，对内可以服众，对外可以取得客户的信任。这样就可以使自己在工作中如鱼得水、大展宏图。

有这样一个例子。位于台北市内湖科学园区的益登科技，因为代理全球绘图芯片龙头厂商的产品，从默默无闻的无名小卒迅速成长为台湾第二大 IC 通路商，且每年获利均超过其注册资本额。与益登科技董事长曾禹旖相交 20 多年的吴宪长说："在同业中或同辈中，论聪明、论能力，曾禹旖都不能算顶尖，但是，他能遇到这个好运，八成以上的因素在于他的人脉。因为他很愿意与别人分享，大家才会利益共享，机遇也才会眷顾他，而不是别人。"曾禹旖就十分相信人脉的哲学："20 岁到 30 岁时，一个人靠专业、体力赚钱；30 岁到 40 岁时，则靠朋友、关系赚钱；40 岁到 50 岁时，靠钱赚钱。"由此可见，人脉在一个人的成就中扮演着多么重要的角色。

在证券投资界，杨耀宇是将人脉发挥到极致的例子。他曾是统一投资顾问公司的副总，后来退出职场，为朋友担任财务顾问，并担任五家电子公司董事，根据推算，他的身价应该有近亿元之巨。"有时候，一通电话抵得上十份研究报告。"杨耀宇说，"我的人脉网遍及各领域，上千上万条，数也数不清。"

还有，凌航科技董事长许仁旭也是靠人脉打天下的。从彰化县鹿港小镇只身到新竹科技园区闯荡，许仁旭没有显赫的学历和家世背景，但是，外界估计他目前的身价有数亿元，并身兼十几家科技公司的董事长。他成功的秘诀是什么？他说："就是靠朋友。朋友越聚越多，机会也越来越多。很多的机会当初自己没想过。这些都是机缘。"许仁旭口中的"机缘"在朋友眼中，其实是由重义气累积而来的。

出身台积电业务员的许仁旭回忆："凭我这样的学历（中山大学本科），要进台积电，或一家科技公司当业务员谈何容易？一切都是靠朋友的介绍。" 许仁旭在台积电时负责凌阳的接单业务，也与凌阳董事长黄洲杰建立了深厚的感情，成了凌阳集团转投资业务的重要顾问。

社会上的每一个人，怀揣不同的动机与需要，精心编织着各自的网络，享受网络带来的机遇和财富。现代社会的日益发展已经越来越显示出人脉的重要了，而且人们对人脉的认识越来越深刻。依靠个人获得成功，在今天已经变得不太可能。

当前社会需要的是一个聚集人气的高效的团队。著名石油大王洛克菲勒在其事业全盛时期感慨地说：“与人相处的能力，如果能像糖和咖啡一样可以买得到的话，我会为这种能力多付一些钱。”

世界首富比尔·盖茨能够成为首富，人际关系是重要因素之一。技术、能力都要有机会展示才会有说服力，而人际关系网络正是机会的来源。盖茨在大学时期是个内向、不善交际的计算机狂热爱好者，幸运的是他遇到了鲍尔默这个开朗、随和、外向的社交积极分子。鲍尔默硬拉着盖茨参加派对，盖茨才开始展开社交。后来微软成立后，盖茨力邀鲍尔默加入公司，从此开始了计算机高人和商业精英的天作之合，他们成了世界上最著名的搭档之一。

或许有人说：经常吃饭喝酒的是酒肉朋友，不见得真心。但发展人脉的出发点就是先“跑量”，再从中精选可重点发展的对象，而走好第一步，就要慷慨对人，让人感受到你的大气。人脉是一张通往财富、成功的门票，所以，要想成功，从现在起就努力经营你的人脉网吧，它能为你创造财富，它可以改变你的命运。

两百年前，胡雪岩因为经营人脉，而得以从一个倒夜壶的小差，翻身成为清朝的红顶商人。

胡雪岩年幼丧父，家境贫困，他不得不去钱庄当学徒。无依无靠的胡雪岩在备受欺侮的学徒生涯中发现：做事要靠朋友，助人就是助己。在他 20 岁左右的时候遇见穷困潦倒的书生王有龄。这个书生虽然有才华有抱负，但缺少进京赶考的盘缠和做官的“本钱”，胡雪岩虽然与他没有什么交情，但当机立断支持他进京，于是就借用了 500 两银子借给王有龄。尽管他因此失业了，但这件事却为他日后的发达打下了基础。做官后的王有龄非常感激他的援助，视其为生死之交。步入商界的胡雪岩也利用王有龄在官场上的力量，开设了钱庄、当铺、药铺，经营丝、茶，迅速暴富。没有官场上的人脉支持，也就不可能有“红顶商人”胡雪岩的商界传奇。

温馨小贴士

民间故事中经常会出现摇钱树等神奇之物，然而在今天，人际关系的确能起到摇钱树一样的作用。怎样从枝枝丫丫的人脉树上获取财富是有方法可循的。首先要对现有的人脉资源进行整合，然后对有效的优质人脉进行重点培养，同时尽可能扩大自己的人脉圈子，将人脉与自己的事业联系起来，让人脉为自己的事业服务，并且在工作往来中不断丰富自己的人脉资源，这样人脉与事业、财富就联系起来了，也就可以在人脉大树上获取令人心动的财富。

人脉镜子与人脉金矿

很多成功人士深深意识到了人脉资源对自己事业成功的重要性。曾任美国某大铁路公司总裁的 A.H. 史密斯说："铁路的 95%是人，5%是铁。"所以说，无论你从事什么职业，学会处理人际关系，你就在成功路上走了 85%的路程，在个人幸福的路上走了 99%的路程了。无怪乎美国石油大王约翰·D.洛克菲勒说："我愿意付出比天底下得到其他本领更大的代价来获取与人相处的本领。"

你要想成功，就一定要营造一个适于成功的人际关系网，包括家庭关系和工作关系网。中国有句古话，叫做"家和万事兴"。你与配偶的关系如何，决定了你的家庭关系，而家庭关系折射出了你与别人的关系。同样，我们与同事、上司及雇员的关系是我们的事业成败的重要因素。没有良好的人际关系，即使再有知识，再有技能，那也得不到施展的空间。对此，美国商界做过领导能力调查，结果显示：管理人员的时间平均有四分之三花在处理人际关系上；大部分公司的最大开支用在人力资源上；管理层所订的计划能否执行与执行成败，关键在于人。可见，任何公司最大、最重要的财富是人。

在中国，人脉资源尤为重要，如果你想获得事业成功，离开人脉资源网就等于纸上谈兵。如果你的人脉上有达官贵人，下有平民百姓，当你有喜乐尊荣时，有人为你摇旗呐喊，鼓掌喝彩，当你有事需要帮忙时，有人为你铺石开路，两肋插刀，你就能感到人脉的力量。它像阳光一样照亮你的前程，它像金矿一样让你富甲天下。

我们可以通过人脉了解自己的竞争对手,从而促进自己的发展。知己知彼百战不殆。在了解了竞争对手的情况后,重要的是取长补短:有优势要保持,存在差距就应该追赶。

你的人脉网络是了解信息的最佳渠道，而且大部分真实可靠。你真诚地与朋友交往,才能得到真正的朋友,真正的朋友只会帮你,而不会去帮你的竞争对手。越往高处走的人,越要有人照应。

人脉可以带给你全新的经验及知识。有一位朋友,推广和销售绿色营养食品，他为这个行业服务了8年，一直孜孜不倦,并以此为荣。8年的工作经验使他成为优秀的营养师和生活教练。与他相处的朋友们，常常会听到他有关营养学和养生之道的高论,潜移默化中,朋友们也学会了许多营养平衡和维护身体健康方面的知识。

人脉是心中的一面镜子，它帮助我们认识自己和周围的一切。“人脉资源”的第一层意义,便是从人与人的交往中学习,从人脉资源中获得一种“人生资源”。在与人交往中,我们可以了解自己。一般人都爱犯一个毛病,就是以为最了解自己。事实上,我们对自己的所知极为有限，几乎无法具体地描述自己的个性、能力、长处和短处。当你以为“这就是真正的自己”时,通常只看到“有意识的自我”和“行动的自我”,而这些都只是自我的一部分而已。只有全面认识了自己才可以在人生舞台上鼓起大旗奋力前进。

我们很难全面地掌握自己，只有拿自己与周围的人比较,或者从与人的交往中逐渐看清楚别人眼中的自己,有时候必须在多次受到长辈的斥责和朋友的规劝之后,才能恍然大悟,从而了解真实的自我。“以人为镜,可以明得失。”除非有别人作为镜子,否则你永远不会知道自己是什么德性。

我们可以通过人脉了解社会。大多数人习惯从日常生活中了解这个社会，别人的生活经验、书报杂志和传播媒介也可以帮助我们了解社会。可是从生活体验中捕捉到的社会毕竟太狭窄了，就如“井蛙窥天”一样，使我们难以做出准确的判断。报纸和其他传播媒体所提供的也只是一张“地图”，光靠这张地图掌握不了活生生的现实。像这样经由褊狭的个人经验塑造出来的世界观，只有随着人脉资源的扩大，才能慢慢得到修正。

我们从学校刚毕业时，父母师长常训勉我们：外面的世界很现实。后来就会发现：外面的世界和我们理想中的世界并不一致。简单地说，只有与人交往才有可能真正了解和掌握复杂而现实的社会，进而形成科学的世界观。人群就是一个大熔炉，能炼出精钢也能炼出废铁，能够融入其中并四通八达的人就是精钢类人物，反之就是废铁式人物，精钢的价值当然也远远高于废铁。本质是相同的，不同的是在人群中的表现。

通过人脉可以了解人生。我们的一生中无时不在受着他人的影响，这些人可能是父母亲友，也可能是上司和同事。从他们身上，我们不仅可以看到自己，更能了解整个社会，同时也因为他们的生活态度而认识人生是什么。这对启发灵感及增长智慧不无帮助。

在人脉网络中，只要自己善于开发，每一个人都会成为你的金矿。

世界一流人脉资源专家哈维·麦凯就利用人脉来推销自己，找到了一份好工作。哈维·麦凯大学毕业以后也像其他同学一样开始找工作。当时的大学毕业生较少，他自以为可以找到理想的工作，结果却没有如愿以偿。好在哈维·麦凯的父亲是记者，认识一些政商两界的重要人物，其中有一位查理·沃德，是布朗比格罗公司的董事长，他的公司是全世界最大的月历卡片制造公司。四年前，沃德因税务问题而服刑。哈维·麦凯的父亲觉得沃德的逃税一案有些失实，于是赴监狱采访沃德，写了一些公正的报道。沃德非常喜欢那些文章，他很感动，几乎落泪地说："在许多不实的报道之后，终于有了公正的报道"。

出狱后，沃德问哈维·麦凯的父亲是否有孩子。哈维·麦凯的父亲说："有一个儿子在上大学。"沃德问："什么时候毕业？""现在正在找工作，他刚毕业。""噢，那正好，如果他愿意，叫他来找我。"沃德说。

第二天，哈维·麦凯打电话到沃德办公室，开始，秘书不让见。后来提到他父亲的名字三次，才得到跟沃德通话的机会。

沃德说："你明天上午10点钟直接到我办公室面谈吧！"第二天，哈维·麦凯如约而至。没有想到招聘会变成了朋友之间的聊天，沃德兴致勃勃地聊哈维·麦凯的父亲的那一段狱中采访。整个过程都很轻松愉快。聊了一段时间，他说："我想派你到我们的'金矿'工作，就在对街的'品园信封公司'。"

在街上闲晃了一个月的哈维·麦凯，现在站在豪华的办公室内，不但工作的事情尘埃落定，而且还有着如此优厚的待遇。所谓"金矿"是指薪水和福利最好的单位。那不仅是一份工作，更是一份事业。42年后，哈维·麦凯还在这一行继续寻找那个捉摸不透的金矿，而且成为全美著名的信封公司——麦凯信封公司的老板。

哈维·麦凯在品园信封公司工作的过程中，熟悉了经营信封业的流程，懂得了操作模式，学会了推销技巧，积累了大量的人脉资源。这些人脉成了哈维·麦凯成就事业的关键。

后来，哈维·麦凯说："感谢沃德，是他给我的工作，是他创造了我的事业。"

沃德，一个曾经身穿囚衣的犯人，都能成就一个人的人生和事业。看来，你所认识的每一个人都有可能成为你生命中的贵人，成为你事业发展的推动者。做个有心人，随时随地注意开发你的人脉金矿，只要你善于开发，每一个人都可成为你的金矿。

温馨小贴士

“以铜为鉴，可以正衣冠；以人为鉴，可以明得失。”这句古言就道出了人脉镜子的重要性。只有明得失才可以有目的地去避免失误。如果你有一个朋友，他就可以帮你指出一个错误，如果你有很多朋友，那么他们就可以帮你指出很多过失，你只要及时加以纠正就可以避免很多损失，这对你走向成功将起很大作用。事业成功了也就相当于开采了黄金，为了使金矿不枯竭，还要不断发现新的矿藏，这就是人脉镜子与人脉金矿所蕴涵的道理。

人脉是最经济最快捷的情报网

社会就是一张由很多人际纽带编织成的人脉网络，身为网中的人，只有充分利用其中的资源，才能得到机会，才能赚得金钱，才能实现自己的抱负，这就是培养人脉的重要性。

人脉宽了就可以在第一时间内收到与自己有关的信息，让自己在最短的时间内做好准备，抓住对自己有利的机会。古代人就知道在敌对一方安置眼线，让眼线在第一时间向自己报告军事情报。比如，打仗的时候，人们喜欢用诈降，以此把自己的人安排在敌对的一方，为自己提供信息；或者运用钱财收买敌对一方的人，让他为自己办事。因此，在古代虽然通信手段不先进，但却能以最快的速度传递。只有掌握了重要信息，才能快速地打败敌人，夺取胜利。

还有那些隐居在山中的智者，他们通过人脉得知外界所发生的一切事情，而且比那些整天在江湖上跑的人知道的消息还要快和多，而且准确。因此，有许多后辈在问题得不到答案时，都会去请教他们，有的还用重金聘他们为自己办事。刘关张三顾茅庐就是一例。

在当今信息发达的时代，更显示出人脉的重要性，拥有无限发达的信息手段就拥有了无限发展的可能性。人脉网就是给你传递信息的情报网，是你事业无限发展的平台。日本三洋电机的总裁龟山太一郎就是很好的例子。他在搜集情报上自有一套办法。最有趣的是他自创一格的“情报槽”理论。他说：“一般汇集情报，有从人身上、从事物身上获得两个来源，我主张从人身上加以汇集。如此，资料建档以后随时可以活用，对方也随时会有反应，就好像把活鱼放回鱼槽中一样。把情报养在情报槽里，它才能够随时吸收到足够的营养。”

日本前外相宫泽喜也是一个汇集情报的高手，他的“电话智囊团”闻名遐迩。当他碰到记者穷追不舍时，往往要求给予适当的考虑时间。而这个考虑时间内要做的事情就是召集智囊团开会，汇集智囊团的点子。如果碰巧在夜里，就通过电话来寻求满意的答复，这些答复来自他的十名智囊团成员。“人的情报”发挥着越来越大的作用。试想：你有这方面的信息，我有那方面的信息，我们两个互相交流一下，都拥有了两方面的信息，我们大家相互交流就拥有了多倍于原来的信息。

随着科学技术的发展，通信工具越来越先进。无论你在哪里都可以与朋友交流信息、沟通想法，甚至通过各种联系方式认识一下彼此的朋友。现在网络是相互沟通的重要手段，你可以与许多不认识的人聊天交流，成为好朋友，而这些人也能给你提供各种重要的信息。

某网络公司的张莉马上要去另一家网站任副总编辑了，同事们都向她投去羡慕的眼光，因为她有一张用途广泛的人脉资源图，在日常工作中这张图发挥了不小的作用。每当遇见难题，张小姐总是凭这张图来解决。张小姐以其敏锐的网络感和娴熟的编辑业务以及有口皆碑的敬业精神在行业圈内有一定的影响。她在平时的工作中就比较注意经营自己的人脉资源，并对人脉资源进行有效的整合。在平时，她充分利用电话、电邮、短信、QQ、MSN，还时不时与一些网站和教育机构的同行们一起逛街、吃饭、看电影。总之，她特别注重人际关系的建立和经营。

有一家网站副总编辑一职出现了空缺，在该网站工作的编辑及时将这个消息告诉了张小姐，又把她推荐给了单位领导。领导了解了相关情况后决定聘请她担任副总编辑。

张小姐之所以能成功跳槽除了她本人的能力外，还在于她对于人脉资源的有效把握。一项调查结果显示，有95%的人力资源主管和求职者通过人际关系找到适合的人才和工作。

职业专家指出，编制一张自己的人脉资源图的关键是需要根据各个朋友的情况，制定出不同等级的联系频率，因为我们不可能和每个人都保持密切的联系。相互联系的目的主要是让双方了解对方的最新情况，并取得最新的信息，建立长久的互惠关系，以便在需要的时候用得上。但要注意的是自己也要有被别人利用的价值，没有人愿意不计回报地为你提供帮助，而密切关系，储存人脉的主要方法就是沟通。戴克就曾说："沟通就是一种接触运动。"在接触中与他人互通情报是双赢的行为。

在南京化学公司服务的柯维博士，强烈支持建立个人通信网络。"如果同事之间因为没有内部通信系统而导致彼此缺乏沟通，没有丰富而充足的信息资源，许多研究计划都可能因为重复而白白浪费掉。"

由此可以看出，信息共享对个人事业的快速发展是多么重要。所以，敞开胸怀投入人群，与人分享信息，是实现个人与周围人共赢的基础。

当你与人沟通、分享资源并建立一个庞大的人际关系情报网时，你会发现这不仅使你有能力管理自己的生活，更让你能充分享受生活并应付社会上的一些突如其来或者是令人捉摸不定的变化。

赵璐从小就对数字非常敏感，上学期就向家里要钱买了台电脑，自己一个人玩股票。对数字非常敏感确实是玩股票的一大优势。股市变化无常，即使对数字再敏感的人，也会出现失算的时候，而赵璐就遇见这种情况，那次翻船让他赔了个精光。在一次上网聊天时，他与一位网友聊到股票，对方好像对这个话题特别感兴趣，于是他们的话题一直在绕着股票转，而且对方谈的东西也非常专业。在多次的询问下，对方说，他也是玩股票的，他有一次也像赵璐一样赔了个山穷水尽，连生活都成了问题。就这样，赵璐和这个人认识了，他们两个互相交换信息。然后，这个人将其他网友的QQ号发给了赵璐，赵璐也和他们共同探讨，彼此分享自己悟出来的信息。慢慢地，他就在网上认识了很多专门玩股票的人，和他们进行思想交流，信息分享，慢慢地对股票的行情了解得越来越多了，也总能分析得八九不离十。

在决定选择这条路之前，仔细评估建立人际网络的好处，最为明显的益处便是常说的："信息就是力量""人脉宽，信息广"。总之，人脉是最实用的情报网，一定要充分发挥人脉的作用，从中得到更多有利于自身发展的消息。

自觉建立一个能为你提供信息的品质优良的情报网，它将成为决定工作成败的关键。

温馨小贴士

在当今高速发展的信息社会，信息的价值贵比金钱，重如生命，要想在竞争中占据优势就必须掌握足够的信息来源，才可以使储备的信息及时得到更新，从而有利于决策，抢占先机。在众多的信息来源中，人脉资源是最快速最便捷的信息通道。只有经营好自己的人脉资源网，建立自己的情报网，才可以在第一时间提取有价值的信息，帮助自己取得成功。

人脉是事业成功的催化剂

有人说过："人活着就是活在人际关系里。"因为社会就是由许多人组成的一个大家庭，而你又活在这个社会里，就必须与其他人接触，这就需要建立人际关系。

人际关系的信息传递方式与人脑内部的信息传递非常类似。为了确保信息的有效输送，在大脑中，信息传递的通道有千万条，如果从一点到另一点的线路被外在原因阻断，信息会通过其他通道传递。而人脉就如同大脑中用来传递信息的神经。可以这样说，没有人脉资源落地生根的人际关系是空泛的、毫无任何意义的，而人脉资源开花结果则依赖于良好的人际关系，人际关系需要通过沟通来建立。

人脉不仅是日常生活的润滑剂，更是事业成功的催化剂。其前提是你必须随时与他人沟通，沟通能力强的人自然能左右逢源，事事顺利；不擅沟通的人难免碰壁、寸步难行。由此可见与人沟通的重要性。

年轻的寿险推销员杰克来自蓝领家庭，没有多少朋友。华特先生是很优秀的保险顾问，拥有许多非常赚钱的商业渠道。他生长在富裕家庭，他的同学和朋友都是学有专长的社会精英。杰克与华特的生活环境简直就是两个世界，所以在保险业务上也是天壤之别。因为杰克没有人际网络，也不知道该如何如去建立，该如何与来自不同背景的人打交道。一个偶然的机会，杰克参加了开拓人际关系的课程训练，杰克受课程启发，开始有意识地和在保险领域颇有建树的华特联系，并且和华特建立了良好的私人关系，他通过华特认识了越来越多的人，事业上的局面很快就打开了。

当今社会对创业成功的人特别关注，他们的言行都成了大家研究的焦点，大家都想知道那些百万富翁是如何发家致富的。《行销致富》的作者佐治亚州立大学的史坦利教授对此进行研究后说："答案是一本厚厚的名片簿。更重要的是他们广结人际网络的能力，这便是他们成功的原因。"百万富翁不仅晓得有哪些资源蕴藏在他厚厚的名片簿里，更愿意把这些资源与其他百万富翁分享。而这些也是建立在沟通的基础之上，才能得到富裕的资源——名片。

良好的人际关系是事业成功的催化剂，它会使人变得活泼，富有进取精神，充满干劲。反之，冷漠、消极的人生态度和生硬的人际关系，会把自己置于重重障碍之中，限制自己的发展。要想成就事业，就要善于沟通，建立和谐、良好的人际关系。

罗斯福曾深有感触地说："成功的公式中，最重要的一个因子便是与人相处。"善于沟通，就能增进彼此的了解与信任，获得支持和帮助，从而建立良好的人际关系。

英国前首相玛格丽特·撒切尔夫人之所以是位优秀的女政治家，很大程度上得力于她超群的沟通能力。在大选即将来临时，保守党的所有候选人都面临着一个如何制止颓势的难题，玛格丽特的解决办法是令人信服的。她说，我们只有一个办法，那就是走出去，到大街上同他们战斗，这样保守党就会最终获胜。"她正是这样做的。保守党的工作人员认为，和玛格丽特在一起搞竞选很累，她在大街上东奔西跑，走家串户，一会儿在这家坐坐，一会儿在那家聊聊，几天下来都在做这些劳累而烦琐的事情。她和各个阶层的人都能谈得很投机，并且能够了解人们最关心的问题，她的造访令人们倍感安慰。为此支持保守党的人急剧增加，玛格丽特的支持率也居高不下，就是运用这样的人脉战术撒切尔夫人在选举中获得了胜利。试想，如果撒切尔夫人不是通过沟通建立庞大的人际关系，也就不会有后来令世人瞩目的成绩。

温馨小贴士

人们利用催化剂可以提高化学反应的速度，有效利用人脉可以加快走向成功的步伐，所以说人际关系是事业成功的催化剂，要想快速成功利用人脉是我们的最佳选择。人脉资源越丰厚，催化作用越强，因为由人脉带来的机遇、信息等都是促进事业成功的因子，只有有效利用这些有利因素才能以最快的速度摘取人生的桂冠。

以德报怨弃前嫌

有宏大度量和长远目光的人不仅懂得建立人脉、经营人脉的重要，而且还能做到以德报怨、捐弃前嫌，这是化敌为友笼络众人的有效手段。当一个人的周围聚集起大量的有识之士时，这个人也就踏进了事业成功的门槛。

历史上有许多人，从才能以及德行来讲，都值得人夸赞，可一旦有了私怨却不能原谅别人。有的人意气用事，为了泄愤，不惜以卑鄙手段陷害同事，结果落了个害贤的骂名，遭到了人们斥责，从而惶惶不可终日。如果能以博大的胸怀原谅同事的错误，化干戈为玉帛，就能使自己多一位朋友少一个敌人。

明代夏元吉不仅对于个人恩怨从不计较，还常以德报怨。这种宽容待人的度量，令人们皆生敬佩之心，一些排挤甚至攻击他的人也觉得很后悔，为他的高尚风格所感动。

夏元吉由于勤奋好学被推荐上了太学，选入禁中书制诰。制诰中，别人喧闹嬉戏，而他依然正襟危坐。正好赶上朱元璋到太学视察，看到了十分欣赏，立刻提拔夏元吉任户部主事。夏元吉做官后不但没有记恨那些讥笑过他的书生，而且还重用其中的有才之士。

夏元吉做事能够照顾到大局，能够替同僚着想。北京的紫禁城建成了，明成祖命夏元吉传旨召见太子、太孙。事后，夏元吉向明成祖进谏："连岁营建宫室，今已告成。宜抚流亡，免所欠赋税以宽民力。"

一年后，熊熊大火将三殿尽数烧毁，明成祖以殿灾为名下诏广求直言，众大臣都说定都北京不妥当。明成祖大怒，杀了主事萧仪，说："建都北京之前，与大臣商议，久而后定非轻举也。"

接着，言官弹劾官员们，明成祖命百官、言官全都跪在门外辩议。官员们都谩骂言官，唯有夏元吉向明成祖奏说："言官应诏直言无罪。臣等要员重臣，不能协办大计，罪在臣等。"

这样，明成祖的怒气才得以缓解，对言官以及所有反对迁都北京的人全都赦免。有些官员责备夏元吉违背了初议，夏元吉回答说："吾等历事久，说错了，尚能被皇上原谅。如果言官得罪了皇上，损失就大了，人们将不敢说话了。"

众官员听了以后，深深钦佩他的为人。

夏元吉为人很有雅量，同事有了好的建议他都虚心接受并酌情采纳；如果同事犯了小过错，也竭力加以掩护。有时还替部下受过，甚至被同事诬陷，事后也不计较。

吕震尝曾经攻击过夏元吉，后来吕震尝替子求官，夏元吉没有因为先前的矛盾而回绝，反而以吕震尝"靖难"的时候有守城之功，替吕震尝奏请。

平江伯陈碹曾经和夏元吉有过一些小误会，因此也很讨厌他，但是夏元吉并不怨恨他，而且还常常称赞陈碹的才能。

有人向他请教："气度可学吗？"夏元吉笑着回答："我小时候，有人冒犯我，我心里也很生气。刚开始试着不把怒气表现在脸上，后来做到从心中忍着怒火，时间长了就没有什么事不可忍了。"

事实就是这样，能忍别人不能忍的事情，就能成就别人不能做成的事情。如果你遇到一位性格暴躁的同事，为一点小误会就"唠叨"甚至咒骂个不停，尽管过后你没有把这个事放在心里，可是事前的过激反应，却令你怏怏不乐。

如果独自懊恼，那样只会害你自己，临渊羡鱼不如退而结网，寻找解决问题的方法远比消极无为地对待事情要好。要知道，有时同事之间相处的时间比家人还要多,假如总是因为一点小事而耿耿于怀,那将会使彼此的关系越来越糟糕。

魏国边境靠近楚国的地方有一个小县,一名叫宋就的大夫被上司派往这个小县做县令。

魏楚两国交界的地方住着两国的村民,他们都喜欢种瓜。这一年春天,两国的边民又都种了瓜。春天,天气比较干旱,瓜苗都快枯死了。这样下去肯定会影响收成,于是魏国的村民每天晚上到地里挑水浇地。连续浇了几天,魏国村民地里,瓜苗长势明显好起来,比楚国村民种的瓜苗要高很多。

楚国的村民一看到魏国村民种的瓜长得又快又好，非常忌妒,有些人晚间便偷偷潜到魏国村民的瓜地里去踩瓜秧。魏国的村民很生气,商量也要以同样的手段报复他们。宋县令知道此事后,连忙对他们说:“我看,你们最好不要去踩他们的瓜地。”

村民们已经愤怒到了极点,哪里听得进去,纷纷嚷道:“难道我们怕他们不成,为什么让他们如此欺负我们?”宋就摇摇头,耐心地说:“如果你们一定要去报复,最多解解心头之恨,可是,以后呢?他们也不会善罢甘休,如此下去,双方互相破坏,谁都不会有收获。”村民们问:“那么宋县令有什么好办法?”宋就说:“你们每天晚上去帮他们浇地,结果怎样,你们自己就会看到。”

村民们不情愿地照宋县令的方法去做,天天晚上去帮楚国的村民浇地。楚国的村民发现魏国村民不但不记恨,反倒天天帮他们浇瓜,惭愧得无地自容,以后再也不去踩魏国的瓜地了,还主动去帮魏国村民干活。

这件事后来被楚国边境的县令知道了，便将此事上报楚王。楚王原本对魏国虎视眈眈,听了此事颇受感动,于是主动与魏国和好。从此两国和睦相处,宋就和魏国边境的村民也受到魏王的嘉奖。

用仁慈对待别人的恶毒，就能破坏恶人做坏事获得的乐趣，还有可能感化他们，让他们弃恶从善，这就是以德报怨的力量。对待他人的错误与伤害能够以德报怨，是心胸宽广的体现，宽恕他人错误的同时，也让自己的心灵解脱。

每个人都有错误，如果执著于过去的错误，就会形成思想包袱，限制了自己的思维，也限制了对方的发展。即使是背叛，也并非不可容忍。能够承受背叛的人才是最坚强的人，也将以他坚强的心志占据主动，其威严更能够给人以信心、动力，因而更能够感化、慑服自己的对立者。

林肯被美国人誉为“英雄总统”。可是在林肯竞选总统期间，芝加哥人茅谭频频向他发出尖锐的批评，甚至刻薄谩骂，为林肯当选总统出了不少的“反力”。林肯在华盛顿为芝加哥人茅谭举行了一个欢迎会，茅谭因为过去的言论而不敢面对已经在竞选中获胜的总统林肯，远远地找了一个位置坐下了，林肯却不以为然，仍然很有风度地说：“茅谭，那不是你坐的地方，你应该过来和我站在一块。”每个在欢迎会上的人都亲眼目睹了林肯赋予茅谭的殊荣，茅谭感激不尽，也正因为如此，茅谭成为林肯最忠诚、最热心的支持者。

以德报怨，用宽容的心去容纳这个世界，才能得到世界。有些人之所以能够呼风唤雨，就是因为他们宽容，用宽容支配自己的行动，为他人也为自己开启了许多方便之门。

以德报怨，以大局为重，你会得到很多的喜悦，化干戈为玉帛的喜悦、人与人之间相互理解的喜悦。以德报怨，不以世俗荣辱为念、不为世俗荣辱所累，就活得轻松、潇洒、磊落。

以德报怨，让人远离狭隘、远离仇恨、远离报复，出于自身健康与幸福的考虑，我们要学会宽恕敌人、忘记仇恨，并主动与其修好，一定会给自己的生活带来不一样，敌人有可能变成盟友。

面对脾气暴躁的人，最好的方法就是以静制动，这并不是说要忍气吞声、曲意逢迎，而是要有一定的限度。对于那些一再恶意挑衅的人要主动出击、据理力争。

例如，公司的一项计划出了问题，一位同事暴跳如雷、粗声粗气地说程序该如何如何，谁人又应该如何如何。总之意见很多，然而欠缺建设性，只能给人带来烦不胜烦之感。这时索性由着同事说下去，而你却非常从容，保持缄默，即使其他同事对此表示不满，你也要坚持自己的原则。

等待事情明朗以后，那位同事的态度缓和下来了，你再摆出自己的态度，把事情分析一番，这时，你就可能令对方心服口服了。

同事之间由于利益上的竞争非常激烈，互相猜忌、忌妒、排挤的现象司空见惯，所以在同事间能够做到以德报怨实在需要宽宏大量。只有这样才能获得更多的成就事业的机会。

温馨小贴士

俗话说“冤冤相报何时了”，人与人之间本来没有怨恨，由于误会或其他因素导致了怨恨的产生，从此，你给我一个初一，我给你个十五。刚开始的时候也许只有芝麻大小的误解，天长日久磕磕绊绊逐渐酿成了深仇大恨。背负着怨恨的包袱，双方的心里都会别别扭扭疙疙瘩瘩的。只有放下怨恨，退后一步，向对方施以恩德、捐弃前嫌，才能逐渐化解矛盾，成为朋友。敌人是墙，朋友是路，想必每个人都愿意多一条路少一道墙吧？那么，从现在开始把你的对手放在人脉资源的范畴吧。

第二章
储蓄你的人脉存折

人脉不是天生具有的，人刚出生的时候谁都不认识，随着年龄的增长，和周围的环境有了接触，也就接触了周围的人，慢慢地就有了朋友，也就建立了自己在这一环境中的人脉，只要我们从生活中的点滴做起，有意识地储蓄自己的人际关系，日积月累终究会拥有一本丰厚的人脉存折。有了人脉储蓄就有了人生的保障，当你遇到困难和挫折的时候，你的人脉账户会帮你渡过难关。

建立人际关系的妙招

大家都知道“朋友多了路好走”，朋友构成了人脉，所以这一句话也可以说成“人脉宽了路好走”。中国古语云：下者用己之力，中者用人之力，上者用人之智。善于利用他人力量才能快速取得成功。人际关系网不是一朝一夕就能建立起来的，它需要长时间培养，在培养中还要领会其中的妙招。

建立强有力的人际关系并不是遥不可及的事情。它需要做到：建立自己的价值；向他人传递自己的价值；向他人传递他人的价值；成为人际关系链条中不可或缺的一环。只有这样自己才能充分发挥自己的能力并且充分享有人脉带来的益处。

名片是当今社会传递人脉信息极为重要的载体，它起源于文明时代的交往。用名片来传递价值是很不错的方式。好的人际关系能够让你一路畅通、工作顺利，在事业上步步高升。

聊对方熟悉的话题，是创建人际关系的第一招。面对刚认识的人，重点是你想让对方为你提供什么样的信息？怎样打开对方的话匣子？聊对方熟悉的话题是很有效的，对他熟悉的话题，他才有表达的欲望，才会有兴致与你交流沟通。人通常想说自己的事情，所以最好不要设限或先入为主，以坦率的态度拉近彼此距离。

例如，营销人员碰到银行业者时，与其高谈阔论利息、汇率，还不如以“你数学一定很好吧？”之类的话题来接近对方。若能如此，对方就有可能从业务关系，进入你的人脉圈。

通过相互介绍建立新关系是拓宽人际关系的第二招。无论是经由朋友、以前同事、过去的同学，或者无意间认识的朋友，甚至是新建立关系的人再介绍他的熟人，就能累积相当可观的人际关系。

有经验的营销人员，每次签合同后的第一件事情就是请对方或其领导介绍最铁的关系给自己。从反馈和统计来看，由熟人介绍的签约率最起码翻一番！不过，如果只接受别人的介绍，而不将自己的人脉介绍给别人，时日一久就逐渐没人为你介绍了，毕竟回馈是礼貌，也是互惠。要学会与新老客户分享人脉。

“广撒网，多捕鱼”，是创建人际关系的第三招。虽然营销人员的时间非常宝贵，但如果当你的能力不足以判断客户时，就没有挑客户的权力。如果一个人具备无时无刻不在推广、见人就说的精神，相信没有不成功的。

学习填写通信录是创建人际关系的第四招。要建立人脉圈的专用通信录。认识的人多了，有的人可能就会失去联系，所以你不但要经常把自己最新的联系方式告知你人脉圈内的人，而且要把他们的通信方式和相应的信息经常进行整理，以便大家可以保持畅通的联系。

朋友的朋友都是朋友，是创建人际关系的第五招。当一个潜在大客户成为你的现实客户之后，意味着你又多了一条好走的路，通过他，你可以增添许多新客户，而这些，又成为你潜在的大客户。这一招是上一招的补充。培养潜在客户，是要将潜在大客户变为现实的大客户。“培养”至关重要，如果成功了，就多一个朋友，多一条路。失败了，少一个大客户，甚至少更多客户。

经常走动是创建人际关系的第六招。农村有一句俗话：亲戚是需要经常走动的，如果相互之间没有来往，时间一长，亲戚也就不是亲戚了。这句话用在人脉圈上也是适用的。所以对自己人脉圈的人，有时间可以经常聚聚，如果不能经常见面，可以经常保持联系，比如逢年过节，相互发一条祝福短信或打个电话等都有利于保持良好的关系，增进友情。

新东方的创建者俞敏洪老师说过:你要想知道自己今天究竟值多少钱，你就找出身边最要好的三个朋友，他们收入的平均值,就是你应该获得的收入。

遵循互惠、互赖、分享的原则是建立人际关系的第七招。人和人之间都是相互的,所谓“赠人玫瑰手留余香”就是互惠的道理,如果我们只想拥有而不想给予,是不会拥有真正的朋友的。主动地去帮助对方，并且不要拒绝朋友的帮助，人是越帮忙越近,越不联系越远。人与人之间要互信互赖,互帮互助,才能感受到人情的温暖。“人”字本身就是一撇、一捺互相依靠、互相扶持。分享是最好的建立人脉网的方式,你分享的越多,你得到的就越多。

世界上有两种东西是越分享越多的,那就是智慧和力量。你拥有的东西对别人是有用有帮助的，别人就会认识到你的价值,从心里感谢你，在适当的时候会回报你；你愿意让别人分享,有愿意付出的心态,别人会觉得你是一个正直、诚恳的人,就愿意与你做朋友。

提升自身价值是建立人际关系的第八招。在盘点自己的人际关系之前,首先冷静地问问自己:我对别人有用吗？如果你无法为别人提供帮助,就说明你不具有价值,你越是能为别人提供帮助,你就越容易建立坚实的人际关系。

一个老好人固然有趣但毫无用处,别人也不会将很多时间浪费在与他的交往上;一个总不愿为别人奉献自己任何价值的精明人,也难以建立真正的人际关系。在人际交往中,要善于向别人传递你的“可利用价值”,促成交往,彼此更深入地了解和信任对方。在日常社交中,有两种心态不可取:一是自我封闭、言行傲慢;一是愤青心态,以超脱自居。自我封闭会使你缺乏与外界的交流,不能得到更多、更广泛的信息,从而目光短浅有如井底之蛙,只会盲目自高自大,让人嗤之以鼻。愤青只会让别人觉得你轻浮、狂妄、不成熟、对世界没有全面而正确的认识,使别人不敢对你委以重任。

如果你很有价值，你身边集聚的朋友也都有自己的价值，把他们联系起来，彼此之间将会传递更多的价值；如果你只是接受信息的一个终点，那么人际关系产生的价值是有限的；如果你成为信息和价值交换的一个枢纽，那么朋友就乐意与你交往，你也能给自己创造更多的机会，从而巩固和扩大自己的人际关系。

所以，在与人交往中寻找并且建立自己的价值，然后把它传递给身边的朋友，促成更多信息和价值的交流，这就是建立强有力的人际关系的基本方法。

建立并经营你的人际关系是有意义的投资而不是无聊的事情。花费一些时间去经营你的人脉，就会节省你做事情耗费的时间。在遇到王子之前，要学会去亲吻许多的青蛙。有时候，你开始做事情是偶然的，这需要你花些时间去适应周围的环境，但是这个时候你就学会了该从哪里走，从哪里跳过去，这个磨砺的过程是很有必要的。如果坚持下去，最终，你会遇到一些志同道合的同伴。

不要花费太多的时间刻意建立人际关系。如果你因为建立人际关系而把自己搞得筋疲力尽，就会严重挫伤你的积极性从而得不偿失。如果承认自己的局限和不足，每个月只做一件或两件有意义的事情用来建立人脉，循序渐进，就会得到良好的效果。建立一张高效的人际关系网络需要花很长的时间，与其建立多个只能维系短时间的关系不如保持少量但长期的关系。

做一些出色漂亮的事情有利于增加自己的交际魅力。与人打交道要知道：内向的人特别不喜欢谈论自己，而更倾向于谈论思想。我们与人谈论的重点应该放在你做过的事情上，不要妄自吹牛皮、说大话，要确保谈论的内容与谈话主题有关。而外向的人会围绕做出的业绩展开话题，这样就会使自己在某些领域具有可信度。当然，大家可能更容易接受自己了解和思考的事情，但事实是，外界衡量一个人的标准是他都做了些什么。如果他的成绩很突出，就会获得更多信任与褒扬，在与人交往中会更加光彩夺目。

温馨小贴士

古代打仗很讲究智谋，现在经商也讲究智谋，智谋高超可以转败为胜，不讲智谋可能会满盘皆输。经营人脉也是如此，如果盲目去做，费了九牛二虎之力也不见得有成效，如果讲究一些出奇制胜的招数则可以达到事半功倍的效果。这些招数可总结成一句话：以真诚打动朋友，以耐心保持朋友，以魅力扩展朋友。只要善于总结、善于探索，就一定可以摸索出建立人脉的门道。

储蓄人脉的窍门

古今中外凡在事业上有所成就的人都很注重储蓄人脉。成功学大师陈安之说："成功等于知识与人脉的总和，其中知识占30%，人脉占70%。"美国前总统罗斯福也曾说："成功的第一要素是懂得如何搞好人际关系。"我们通过研究历史上政商界成功人物的成长轨迹就会发现：他们之所以成功也都是因为拥有一本厚重的"人脉存折"。

比尔·盖茨从一名半途退学的大学生成为出色的程序员，再成为享誉全球的世界首富，不仅仅因为他掌握了世界的大趋势以及他在电脑上的智慧和执著，还有一个最关键的原因就是他的人脉资源相当丰富。比尔·盖茨刚刚创立微软公司时，只是一个无名小卒，但是在他20岁的时候，签到了一份大单，慢慢地利用一切关系成就了一生的辉煌。

假如把营销比喻成砍柴，是砍倒一棵大树好呢，还是砍一些树枝好呢？答案当然是砍倒一棵大树（这里不考虑环境因素），因为这样就可以使用很长时间，而不用天天去砍柴，并且腾出空间种上小树，从而得到更多更优质的木材。

比尔·盖茨是怎样利用人际关系法则一开始就砍倒了电脑软件领域的一棵大树呢？首先他善于利用自己亲人的人脉资源。在他20岁时签到了第一份合约，这份合约是跟当时全世界第一强电脑公司——IBM签的。

当时，他还是在大学读书的学生，没有太多的人脉资源。他怎能钓到这么大的“鱼”,可能很多人不知道具体原因。事情之所以成功不仅是因为他的技术令人叹服,还因为他得到家人及时的引见和推举。比尔·盖茨之所以可以签到这份合约,中间有一个中介人——比尔·盖茨的母亲。比尔·盖茨的母亲是IBM的董事会董事,妈妈介绍儿子认识董事长,是理所当然的事情。假如当初比尔·盖茨没有签到IBM这个单,他今天很有可能不会拥有几百亿美元的个人资产。

其次,比尔·盖茨还擅长利用合作伙伴的人脉资源。俗话说:一个篱笆三个桩,一个好汉三个帮。比尔·盖茨也不例外,他不仅拥有家人的帮助还得到了朋友的帮助。大家知道比尔·盖茨最重要的合伙人保罗·艾伦及史蒂芬,他们不仅为微软贡献了他们的聪明才智,也贡献了他们的人脉资源。

比尔·盖茨不仅着眼于国内市场,而且还懂得发展国外的朋友,让他们去调查国外的市场,开拓国外市场。这样微软就有了更广阔的发展空间,从而将蛋糕做得更大,一举成为世界IT老大。比尔·盖茨有一个非常好的日本朋友叫彦西,他为比尔·盖茨讲解了日本市场的很多特点,为他找到了第一个日本个人电脑项目,以此来开辟日本市场。

俗话说:众人拾柴火焰高。要是拾柴的众人又恰恰是关系和谐、能力出众的人,那么篝火的火焰就会更高了。比尔·盖茨在选择雇员上很讲究,他利用人脉雇用那些非常聪明、能独立工作、有潜力的人来一起扩展事业,收到良好的效果。

比尔·盖茨说:“在我的事业中,我不得不说,我最好的经营决策是必须挑选人才,拥有一个完全信任的人,一个可以委以重任的,一个为你分担忧愁的人。”他正是因有可靠的人脉资源,才使自己在事业上如虎添翼。

无独有偶,博恩·崔西成功的例子同样说明了储蓄人才的重要性。博恩·崔西是世界一流的潜能大师,一流的效率提升大师,一流的销售教练。他的书籍被翻译成多种文字，他的训练帮助了千千万万的人提升业绩。

博恩·崔西十分重视积累客户资源，在客户身上投资更多的时间；花更多的时间与顾客在一起；同顾客沟通想法交流意见；为顾客设想；与顾客建立商业上的友谊。他愿意花足够的时间去帮助顾客做出正确的购买决定，他绝对不会对顾客没耐心。

他真诚地关怀客户，感情强烈，价格、质量、交货效率、公司规模，都敌不过关怀的威力。一旦客户认定你是真正关怀他，不管销售的细节或竞争者怎么样，他都会向你购买。

他懂得尊敬每一个他所遇到的人。一个人有所为有所不为，都是为了博得你所重视的人对你的尊敬。一个人的骄傲、尊严、自我肯定，大部分都来自受别人的尊敬程度。你越在意别人的意见，别人对你的尊敬就越会影响你的行为。每当我们感受到别人的尊重，就会对那个人特别重视。假如有人尊敬我们，我们就会认为那个人比较优秀、比较有判断力、比较有内涵，个性也比较好。他绝不批评、抱怨或指责顾客。绝对不要站在你的立场上批评任何人或任何事，不要恶言相向或批评你的竞争者。每当你听到别人提起竞争者的名字时，只要微笑地说："那是一个很不错的公司。"然后就继续做你的产品介绍。假如有人告诉博恩·崔西：他的竞争者是如何地批评他，他只会一笑置之。

希望能够被他人接受，是所有人的需求。你只需要用微笑，并且表现温和友善，就可以表达你接受他人。一般人都喜欢和那些能够接受他本性的人在一起，而不想受到评判和批评。你越能够接受别人，他人就越愿意接纳你。

你称赞他人所做的某些事，被肯定的人就会感到快乐，变得更有精神，他的心跳会加快，会觉得自己很棒。如果你在每个场合都竭力找机会对他人的良好表现加以赞扬，你就会成为受人欢迎的人。

同样,自己的所作所为得到别人肯定的时候,自己也会对其产生谢意。不管你感谢任何人所做的任何事,都会让彼此的自我肯定上升。你的感谢会让他觉得自己更加重要,更有价值。为此,要保持一颗感恩的心,尤其要向那些会让你期望的好事连连的人,表达感谢之意。

集中注意力,倾听对方说什么,从中提取有价值的信息作为自己与其交流的话题。当对方说话时,把注意力集中在他身上,就是对他最大的恭维。要想成就事业,基本任务就是成为人际关系高手,成为人际关系专家。事业成功的秘诀就是在行业中努力使自己成为最好、最有人缘的人。

与打过交道的人保持联络,使他们转化为你的优质人脉,是储蓄人脉的有效方法。与朋友保持长期联络有三种方法:寄东西给他们、打电话给他们或者去看望他们。

几乎每个大公司都会定期印制宣传公司产品的小册子,让销售员去寄发给他们的客户。大部分的顶尖销售冠军至少十天寄一次邮件。很多顶尖的汽车销售员每年寄给他的客户四到八份产品介绍小册子。

所有的这些邮寄系统能以小小的努力获得大量回馈。但是它不能取代电话拜访或亲自拜访等联系方式。邮寄只是保持联系的手段而已,用以维持你在他们心中的新鲜度。要利用电话拜访和亲自拜访得到最有效的回馈,及时了解客户的需要,搔到他们的痒处。这是提升业绩的生命血脉。

汤姆·霍普金斯说:赚更多钱的技巧就是去接触更多的人,不断丰富自己的人脉资源。储蓄人脉在一个人事业发展的过程中有着非常重要的作用。丰厚的人脉账户是一个人发展潜力的标志。

温馨小贴士

“细节决定成败”，留心观察生活的人会发现那些不引人注意的细微之处往往蕴涵着决定成败的玄机。所以我们要从小处着手，了解决定成败的关键之处，掌握经营人脉的规律，巧妙运用储蓄人脉的窍门，就可以通过小小的努力获得大的回报，从而轻松储蓄大量有效的人脉资源，成为人脉网络中的佼佼者。

经营人脉要讲究艺术

"送人情"也是经营人际关系的手段。人情送得及时而得体,就会收获丰厚的人脉;若是送得不讲分寸就会给双方带来无尽的尴尬。所以说,"送人情"不是一件简单的事情,它需要我们时时、处处、事事留心。一个能够把人情成功送出去并得到良好效果的人,必然是做事很有手腕的人。这样的人通常很精通经营人脉的艺术。

送人情就会涉及送什么、送多少、何时送、怎么送的问题。送得恰到好处是人情,送得不合时机就是难堪。送人情不在于你送的情分轻重,而在于对方的感受。所谓"千里送鹅毛,礼轻人意重"说的就是这个道理。通常世人最重视的人情则是雪中送炭、口渴喂水,患难之时见真情。一些微小的举动往往因为真诚而及时,便能获得"倾林相送""涌泉相报"的效果。

人们在社交过程中内心都有一些需求,有的急有的缓,有的重要有的不重要。而我们在急需的时候遇到别人的帮助,则内心感激不尽,甚至终生不忘。在一个人快要渴死的时候送上一杯水,比在他酒足饭饱后送上一桶水的效果还要好。救命的一杯水远远超过多余的一桶水的价值。

除此之外还要明白:有某种爱好的人,遇到兴趣相同的人则兴奋不已,视其为人生一大快乐。两个人脾气相投就能交上朋友,如果观点相左就可能反目,所以要通过送人情经营人脉就应该懂得其中的道理。

历史上有个故事也说明了这一道理。三国争霸之前,周瑜没有施展才能的机会。他曾在军阀袁术手下为官，被任命为居巢长，这个官职相当于小县的县令。就在这个时候，地方上发生了饥荒、兵乱，使粮食问题日渐严峻起来。居巢的百姓没有粮食吃，就吃树皮、草根，饿死了不少人，军队也饿得失去了战斗力。作为父母官的周瑜看到这样悲惨的情景非常着急。正当他心慌意乱不知如何是好的时候有人向他献计，说附近有个乐善好施的财主鲁肃，他家素来富裕，想必有不少粮食，不如去向他借粮，以缓解眼下的粮荒。

周瑜带上人马登门拜访鲁肃，见面后寒暄一番，周瑜就单刀直入地说："不瞒老兄，小弟此次造访，是想借点粮食。"鲁肃一看周瑜神情俊朗，是个才子，日后一定能成就大事，他不在乎周瑜现在只是个小小的居巢长，哈哈大笑说："此乃区区小事，我答应就是。"

鲁肃亲自带周瑜去查看粮仓，这时鲁家存有两仓粮食，谷三千斛，鲁肃痛快地说："也别提什么借不借的，我把其中一仓送与你好了。"周瑜及其随从见鲁肃如此慷慨，都愣住了。要知道，在兵荒马乱的饥馑之年，粮食就是生命啊！周瑜被他的言行深深感动，两人当下就成为了好朋友。

后来周瑜时来运转，当了将军，他牢记鲁肃昔日的恩情，就将鲁肃推荐给孙权，鲁肃终于得到了大展宏图的机会。

人对雪中送炭之人总是怀有特殊的好感，著名演员王刚对此深有体会，他曾多次对周围的人说："我有一位朋友，我每次需要帮助的时候，他一定会出现。例如，有人在车站等着我去接，我只要给他打声招呼，他就驾车前往；我心情不好的时候想去爬山散心，他总是乐意奉陪；我想去国外采风为护照而发愁的时候，他及时联系到了他这方面的朋友并顺利达成了我的心愿。他对我特讲义气，可以说有求必应，事情一过去，我们又各忙各的。过年过节的时候，我总是忘不了给他寄一张贺卡，发短信问候他。"

对身处困境的人仅有同情之心是不够的，应给以具体的帮助，使其渡过难关。雪中送炭、分忧解难的行为最令对方感激，从而形成友情。比如，一个生意人经商赔了本，他向周围的朋友借钱，遭拒。后来他向一位平时交往不多的乡民求援，在他说明情况之后，对方毫不犹豫地借钱给他，使他渡过难关，他从心里感激这位乡民。后来，他发达了，不忘这一借钱的交情，常给对方以特别的关照。

送人情要讲究艺术，可以借鉴以下几点。

首先，不可过分给予。因为饮足井水者，往往离井而去，所以你应该适度地控制，让他总是有点渴，以便使其对你产生依赖，一旦对方对你失去依赖心，或许就不再对你毕恭毕敬了。如果你是位领导，你手下的一些属员都希望通过你得到一些好处，你应该怎样做呢？经验证明，要经常赐予他们一点好处，但不可一下子全部满足他们的欲望，否则，对你倾囊施与的恩惠，他们便不以为贵了。

其次，不要对别人的恩情过重，这会使人感到自卑乃至厌倦你，因为他一方面感到自己无法偿还这份人情，二来觉得自己无能。如果对别人施以小恩小惠，不要让对方以为你在故意讨好他，否则，你施与的“人情”就不值钱了。

最后，要注意，对方不需要时不要“自作多情”，因为这时你送人情会让对方感到多余，对方可能不领你的情。送人情不能临时抱佛脚。对方知道你有比较重要比较麻烦的事情要托付他，你遇事抱佛脚而施与人情也是不值钱的，至多能把你所托之事办下来，下次有事情要托对方，还要重新送人情，就像人情买卖一样，有支出有反馈，主要围绕一个“利”字。倘若对方办不了你所求之事，或者你送的人情太小气，抵不了对方所要付出的代价，对方也不会轻易领这份情。甚至干脆回绝你的“情谊”，让你讨个没趣。

温馨小贴士

艺术是指富有创造性的方式，它在使用的过程中往往表现出很大的有效性，经营人脉的艺术就是在经营人脉的过程中能发挥重要作用的方法。文中提到的送人情就是一项很典型的艺术。在我们的日常生活中经常遇到类似的事情，有时候很真诚地向别人表达自己的好心，却碰了一鼻子灰，有时候很热心地为别人送上厚礼却被人浇了一盆冷水，原因就在于没有掌握正确的方式。一个不通晓人脉艺术的人必定会出力不讨好、办事不顺心，只有掌握了经营人脉的艺术才能在复杂的人际关系中游刃有余。

借梯登高又何妨

换位思考，掌握时机拉人一把，也许会使对方的命运发生转机，对方会终生不忘，有了机会定会加倍回报。也许在不久的将来对方也会为你提供一架帮你登高的梯子。

《红楼梦》中的薛宝钗填过一首《柳絮词》，其中有一句是“好风凭借力，送我上青云”。她一反大贬柳絮飘浮无根、无所附依的写法，而是用肯定态度对其做了赞美，这正是见识的独到之处。从中也可得到一个启示：一个人在事业上要想获得成功，除了靠自己的努力奋斗之外，有时需要借助他人的力量，才能平步青云或扶摇直上。我们把“好风凭借力”这句话中所蕴涵的人生哲理用在求职就业中，就可以称它为“借梯登高”。

对于准备求职就业的人来说，这里的“梯”指的是他人之力，如名人、亲戚、朋友、同学等的地位、名望、财富或权力等；而“高”则是指求职就业者将要获得的某种较为理想的职业。他人有时是你走向成功的桥梁与阶梯，尤其是那些德高望重的名人，他们的力量能帮你及早达成建立事业的心愿。古往今来，借助名人之力成功的事例真是数不胜数。汉高祖刘邦立太子的故事就是其中之一。

汉高祖刘邦共有八个皇子，这些皇子生母不一，为了争夺太子之位，展开了子与子、母与母之间的明争暗斗。刘邦有意立戚夫人之子如意为太子，可吕后想立自己的儿子盈为太子，她便找张良帮忙。张良献上一计：“皇上一直想招四个在野的贤人出山，但他们始终不肯，若将他们迎为宾客，太子常请此四人赴宴，必会被皇上看见而问其原因。”果然不出张良所料，高祖看见盈能请来不肯为自己出山的四贤人，认为盈为人恭敬仁孝，能让天下名人慕名而来，终于立盈为太子。盈的成功完全仰仗四大贤人的盛名，借助他们的名望得到了皇帝宝座，当然也得益于他母亲吕后和张良的妙计。

中国人历来看重宗族亲情，以至在今天仍然盛行“走后门”。这种“后门”其实就是一种看不见的裙带关系网，类似于我们所说的“梯”。利用后门去干违法乱纪的事情，当然是不足取的，但如果你想能充分发挥你的才智，有所成就，在某些时候借助“梯子”还是必要的。尤其是刚走出校门，缺乏社会经验的学生，要想在社会上谋得一份理想的职业，得到社会的认可，就必须靠熟人或名人的引荐。

一般来说，无论引荐者的名望大小、地位高低，只要对你成功有所帮助，他就是你登高的好梯子，他的威信和影响力就能对你有用处。

一般人除对权威和名望有崇拜感和信任感之外，对熟识的人有可靠、信赖的感觉，因而他们常常会从推荐者身上来估量被推荐者的能力和人格。这种透视现象可以帮助求职者被录用，继而步步高升。

在复杂的社会关系之中，在各种社会关系构成的屏障面前，互相利用是人性的弱点，但它也是人类共同需要的心理倾向，而这正是“借梯登高”之计的实质所在。不懂得或不善于利用他人力量，光靠单枪匹马闯天下，在现代社会里是很难大有作为的。

“借梯登高”也需要按照一定的步骤，也要讲究方法和技巧。

找“梯”，即要与有影响力的人做朋友。一般人在求职中，应该随时留心周围人的品格、能力及其影响力，要用真心去交朋友。为了赢得他人的真诚相助，你必须先付出某些东西，如真心或物质。人心都是肉长的，你天长日久地付出总会有所回报。所以平时与人交往，要盯准谁有能力帮助你，将其作为人脉的重点来培养。当然，与任何人相处都要以友善、真诚为本。

借“梯”，即求得朋友的帮助。朋友能否帮你的忙，还看你平时表现如何。这就要求你与人交往时，目光要放远些，不因小利而不为，亦不因利大而为之。如果你与对你求职就业有所帮助的朋友发生了不愉快，你应首先谅解他。“小不忍则乱大谋。”在这方面古人也做出过榜样，比如，韩信能受胯下之辱，张良能为老者拾鞋。平时的基础打好了，量变积累终会成为质变，也就会“得来全不费工夫”了。你待人好，人家对你自然有真心，关键时刻帮你一把也在情理之中了。这样看来，借“梯”的功夫完全包含在平时的为人处世之中。

这里还需要说的是，有很多人并非不会施行此计，而是难为情而不愿意求人，总觉得这样做有失体面，好像是贬低了自己的能力。其实，这些想法都是不必要的。什么时候也别忘了，即使是拿破仑也需要别人帮他架起成功的桥梁，何况你只是平常之人呢？

温馨小贴士

说到“借梯登高”很多人都不屑一顾，殊不知能成功借到梯子并登上高处的人一定是善于经营人脉的人。现代社会是一个人与人之间密切联系的社会，孤立地去完成一件事情实在是很笨拙的办法，只有巧妙借助别人的力量去完成自己的愿望才能节省更多的时间与精力把事情做得更快更好。所以，我们看准一个目标的时候不妨请求周围的人帮上一把，我们遇到困难的时候不妨请求专业的朋友帮助自己扫清障碍，在生活中做一个善借他人力量办事高效的人。

不该出手时不出手

古人言："小不忍则乱大谋。"忍，是一种韧性的战斗，是战胜人生危难的有利武器。真的英雄，何必气短；善始善终，方为不败。忍能保身，忍能成事，忍是大智、大勇，更是大福！为此要学会：不该出手时不出手。谁笑到最后，谁笑得最美。

忍一时，风平浪静；退一步，海阔天空。不要一味用蛮劲去碰壁，而应该分析局势，做出某些以退为进的决策。

忍之道是中国文化中的精粹，是儒家思想的精髓。中国历史上的许多名人都是靠忍而成大业的。现在世界上许多在事业上成功的犹太籍、日籍的企业家、金融巨头亦将忍字奉为修身立命的真经，在家中、办公室中悬挂着巨大的"忍"字条幅。可以毫不夸张地说，忍的哲学是世界上成功企业家、政治家、军事家、外交家、科学家的必修课。

提倡"忍"的功夫是根据某些事物的具体情况来决定的。有的时候，你处于十分尴尬的境地，无论你怎么努力，成效似乎都不大。被你一直信奉不疑的"一分耕耘，一分收获"似乎不再有效，这就好比手中拿着一万块钱却想通过自己的精心测算、分析来撼动股市一样。此时，你所做的最好策略就是不要凭着自己的"蛮劲"，一味地相信自己的判断，投入到某些前途凶险的股票中，相反，若你退一步，静观一下股市变化，先求其次，买一些绩优股，待选定时机东山再起，投入到选中的冷门中，你才可能获得成功。

只要你在做人的准则中牢记住“忍”这一条，你定能成大器。越王勾践，卧薪尝胆，甚至以一国之君的身份为人做马夫，终于赢得了后来的“三千越甲可吞吴”的大业。汉朝时的韩信，若不是能忍得住那“胯下之辱”，怎能从一个街头小痞子一跃而成淮阴侯？

忍在官场上能步步高升，这是当今官场的绝对真理。如果在上司面前不能忍，遇事就仿佛对路人那样粗暴顶撞，绝对不可能做成大官。

忍能助你发大财，这是一个在商海中遨游多年的商人的心得。商场如战场，难免有折戟沉沙的时候。在自己有求于人的时候，一定要付出代价，付出代价的前提是能够忍耐一些自己不愿意承受的事情。有时候，从银行贷款，就硬是要忍住审查人员的吹毛求疵。与老板谈生意，要忍得住对方的咄咄逼人、犀利言辞、苛刻条件。如果你的确需要求助于那个对你挑鼻子瞪眼睛的人，你就忍一忍吧!只要不是原则冲突，忍过了之后，事情可能就解决了，何乐而不为呢？

当然，我们讲忍，并不是劝告你怯懦，真正的忍是以退为进的手段。那些一味地退让，而不考虑自己的目标、不思进取的人，忍来忍去会让他永远不能爬起来。

艾森豪威尔说：“能控制自己情绪的人，可以成就任何大业。”清人傅山说过：愤怒达到沸腾时，就很难克制住，若非“天下大勇者”便不能做到。

假如站在你面前与你交谈的人大动肝火，如果你也想和对方一样发怒，你就应想想这种爆发会发生什么后果。如果发怒会损害你的利益，那么你就应该约束自己、控制自己，无论这种自制是如何吃力，你都要尝试着说服自己平静下来。

汉初名臣张良外出求学，一天在下邳桥上遇到一个老人，穿着粗布衣服，在那里坐着。见张良过来，故意将鞋子掉到桥下，冲着张良说："小子，下去给我把鞋捡上来！"张良听了先是一愣，然后怒气涌来，随即他又劝服了自己，因为看到眼前坐着的是个老年人，就强忍着到桥下把鞋子捡了上来。老人说："给我把鞋穿上。"张良想，既然已经捡了鞋，好事做到底吧，就恭恭敬敬地给老人穿鞋。穿上后老人笑着离去了。过了一会儿那位老人又返回来对张良说："你这个年轻人可以教导。"于是约张良再见面。这个老人后来给张良传授了《太公兵法》，使张良最终成为一代良臣。

老人考察张良，就是看他有没有遇辱能忍的自我克制的修养，只有具备海纳百川的胸怀，以后才能担当大任，处理各种复杂的人际关系和艰巨的任务，才能做到遇事冷静，不意气用事，清楚祸福所在。我们应该在生活点滴中锻炼这种素养，克制、忍耐，处理好所遇到的人和事。

唐代宰相娄师德的弟弟要去代州都督府上任，临行前，娄师德对弟弟说："我没多少才能，现位居宰相，如今你又得州官，得的多了，会引起别人的忌恨。遇到这样的事情你该如何处理呢？"他弟弟回答说："今后如果有人往我脸上啐唾沫，我也不说什么，自己擦了就是。"娄师德说："这正是我担心你的。那人啐你，是因为愤怒，你把它擦掉了，这就是抵挡那人怒气的发泄。唾沫不擦自己也会干的，倒不如笑而接受呢。"

娄师德兄弟的这番谈论，有打比方、开玩笑的成分，其中意思就是要忍耐、要退让，不要去和对方"针尖对麦芒"。不然，就会更加激怒对方，使矛盾尖锐化，导致严重后果。

在法国发生了这样一则故事。阿兰·马尔蒂是法国西南小城塔布的一名警察。这天晚上他身着便装来到市中心的一间烟草店门前。他准备到店里买包香烟。这时店门外一个叫埃里克的流浪汉向他讨烟抽。马尔蒂说他正要去买烟。埃里克认为马尔蒂买了烟后会给他一支。

当马尔蒂出来时，喝了不少酒的流浪汉缠着他索要香烟。马尔蒂不给，于是两人发生了口角。随着互相谩骂的升级，两人情绪也升级。马尔蒂掏出了警官证和手铐，说“如果你不放老实点，我就给你一些颜色看。”埃里克反唇相讥：“你这个混蛋警察，看你能把我怎么样?”在言语的刺激下，二人扭打成一团。旁边的人赶紧将两人分开，劝他们不要为一支香烟而发那么大火。

被劝开后的流浪汉骂骂咧咧地向附近一条小路走去，他边走边喊：“臭警察，有本事你来抓我呀!”怒火中烧的马尔蒂拔出枪，冲过去，朝埃里克连开四枪，埃里克倒在了血泊中。

法庭以“故意杀人罪”对马尔蒂做出判决，他将服刑 30 年。

一个人死了，一个人用半生的时间来坐牢，起因却是一支香烟，可见激动情绪给人带来的危害是多么可怕。

生活中我们常见到当事人因不能克制自己，而引发争吵、打架，甚至流血冲突的情况。有时仅仅是因为你踩了我的脚，或一句话说得不恰当。在地铁上争抢座位，在公交车上挨了一下挤，都可能成为引爆口舌大战或拳脚演练的导火索。在社会治安案件中，相当多的案件都是由于当事人不能冷静地处理事情而引起的，许多事情本就是小事一桩，根本就不该发生的。

如果你忍不住别人的刺激，要像火山一样爆发，就试试曾是美国总统的杰弗逊所教的方法：“生气的时候，开口前先数到十，如果非常愤怒，就数到一百。”

心浮气躁的人最不能忍耐，往往因小失大，有较高修养的人往往有较强的忍耐力，他们在遇到棘手问题时总能快速分析出事情的轻重缓急，能体谅对方的心情，能够在千钧一发的时刻扑灭情绪的导火索，从而将事情从极其恶劣的发展势态中扭转过来，避免严重损失。

要成为一个办事高效、人脉丰富的人，就要遇事冷静先闭口，不该出手时不出手。

温馨小贴士

该出手时就出手是勇敢、义气，不该出手时不出手是沉稳、冷静。很多人愿意做大打出手的英雄，不愿意做沉默无言的忍者。其实，遇事冷静三思而后行更能表现出一个人的修养来。要想处理好人际关系更需要具备一定的修养，因为只有这样才不会因为一时的怒火而伤害到别人，才能避免与他们结下矛盾。多交朋友少树敌是积累人脉资源的根本原则，所以，不该出手时不出手，不要因为一时的气愤而断送了自己的优质人脉。

闲时多烧香，急时有人帮

由于现代生活节奏的加快，大家都在为自己的事情忙碌，没有时间进行过多的应酬，时间一长，许多原本牢靠的关系就会变得松懈了，朋友之间逐渐淡漠了。这种无形的人脉流失是很可惜的。一旦有了困难需要朋友帮助的时候，再想起故人恐怕已经物是人非了。所以，大家应该珍惜人之间宝贵的缘分，即使再忙，也别忘了沟通感情。

平时，我们应盘点一下自己的通信录，定期和朋友联系一下，给友情注入一些活力。

有位刚去美国的朋友来信说："我在那里没有参加过什么社交活动，难得去看看老朋友，可能是因为我初到异乡，但后来我听说，其他的人也一样。

"我们每星期工作五天，星期六和星期天都去郊外，这是一种家庭式的生活。就是说，要去郊外，就跟自己的家人去。

"我们不能利用假期去探望朋友，因为每逢假期大家都外出散心，朋友是不会在家的。

"平时我们也不可能利用下班时间去看朋友，因为交通太拥挤。

"但我们常常和朋友通电话，这是唯一和朋友联络感情的方法，有事没事打打电话，哪怕是寒暄几句，或者讲些毫不相干的事情。

"但有事情时，我们会立刻聚在一起，比方上星期我儿子肚子痛，我急忙打电话给朋友江医生，他马上驾车从 70 公里外赶来，初步诊断，认定儿子患了阑尾炎，他就用车子送孩子进医院做了手术。”

有事之时找朋友，人皆有之；无事之时找朋友，你可曾有过？

你有没有这样的经历：当你遇到了麻烦，认为某人可以帮你解决，你本想马上找他，但转念一想，过去有许多时候都应该与他联络一下的，但都被搁置在一旁了。现在有求于人再去找人家，会不会太唐突了？甚至因为太唐突而会遭到拒绝，使自己颜面扫地？

在这种情形之下，你不免有些后悔“闲时不烧香”了。

法国有一本名叫《小政治家必备》的书。书中教导那些有心在仕途上有所作为的人，必须起码搜集 20 个将来最有可能做总理的人的资料，并把它记得滚瓜烂熟，然后制订合理的拜访计划按时拜访，和他们保持较好的关系。这些人之中的任何一个发达了，都有可能给你带来意想不到的好处。

这种手法看起来不大高明，但是非常合乎现实。一本政治家的回忆录中提到：一位被委任组阁的人受命伊始，心情很焦虑。因为一个政府的内阁起码有七八位部长，如何物色这么多适合自己的人的确是一件难事，因为被选的人除了有适当的才能、经验之外，最要紧的一点，就是“和自己有交情”。

和别人有交情才容易得人赏识，不然的话，任你有登天本事，别人也不知道。友情投资宜走长线，友谊之花，须经年累月培养。做人做事，不可急功近利。善于放长线钓大鱼的人，看到大鱼上钩之后，总是不急着收线扬竿，把鱼甩到岸上。因为这样做，到头来不仅抓不到鱼，还可能把钓竿折断。他会按捺下心头的喜悦，不慌不忙地收几下线，慢慢把鱼拉近岸边；一旦大鱼挣扎，便又放松钓线，让鱼游窜几下，再慢慢收线。如此一收一放，待到大鱼筋疲力尽、无力挣扎，才将它拉近岸边，用提网兜上岸。

求人也是一样，如果催得太紧，别人会一口回绝你的请求。只有耐心等待，才会有成功的喜讯来临。

罗城是一个中小企业的老板，他们公司长期承包一些大电器公司的工程。罗城对这些公司的重要人物常施以小恩小惠，这位老板的交际方式与一般企业家不同之处是：不仅奉承公司要人，对年轻的职员也殷勤款待。

谁都知道，罗城并非无的放矢。事前，他总是想方设法将电器公司中各员工的学历、人际关系、工作能力和业绩，做一次全面了解，认为这个人大有可为，以后会成为该公司的要员时，不管他多年轻，都尽心款待。罗城这样做的目的是为日后获得更多的利益。

罗城明白，十个欠他人情债的人当中，有九个会给他带来意想不到的收益。他现在做的“亏本”生意，日后会利滚利地收回。

所以，当自己所看中的某位年轻职员晋升为科长时，他会立即跑去庆祝，赠送礼物，同时还邀请他到高级餐馆用餐。年轻的科长很少去这类场所，因此对他的盛情款待自然倍加感动，心想：我从前从未给过这位老板任何好处，并且现在也没有掌握重大交易决策权，这位老板真是位大好人！这位年轻科长自然产生了感恩图报的意识。

正在受宠若惊之际，罗城却说：“我们公司能有今日，完全是靠贵公司的抬举，因此，我向你这位优秀的职员表示谢意，也是应该的。”这样说的用意，是不想让这位职员有太大的心理负担。

这样，当有朝一日这些职员晋升至处长、经理等职时，还记着罗城的恩惠。因此在生意竞争十分激烈的时期，许多承包商倒闭的倒闭，破产的破产，而罗城的公司却仍旧生意兴隆，原因就是他平常关系投资多。

纵观罗城的“放长线”手腕，的确有他“老姜”的“辣味”。这也揭示求人交友要有长远眼光，尽量少做临时抱佛脚的事，而要注意有目标的长期感情投资。同时，放长线钓大鱼，必须慧眼识英雄，才不至于将心血枉费在那些中看不中用的庸才身上。

拜冷庙，烧冷灶，交落难英雄。俗话说："平时不烧香，临时抱佛脚。"菩萨虽灵，也不会帮助你。因为你平常心中就没有佛，有事才来求，佛怎会当你的工具呢？我们求神，应在平时烧香，表明自己并无希求，完全出于敬意；一旦有事，你去求它，它念在你平时的烧香热忱，也不至于回绝你。

如果要烧香，就找烟火稀少的冷庙，不要只挑香火旺的热庙。热庙烧香的人太多，神仙的注意力分散，你去烧香，也不过是众香客之一，当然也得不到神人特别的照顾。如果你很虔诚地去冷庙烧香，神对你当然特别在意。如果有一天风水转变，冷庙成了热庙，神对你还是会特别看待。

有的人能力平庸，然而吉星高照，也会成为命运通达的人物。与人交往时，如果你的境遇地位与他相差不多，交往当然无所谓得失。但如果你的境遇地位不及他，往来多时，反而会有趋炎附势的错觉。即使你极力结交，多方效劳，在对方看来也很平常，彼此感情不会有多少增进。只要对方转入逆境，以前友好亲近，转眼若不相识，他失落了，对人的认识也比较清楚了。

如果你认为对方是个英雄，就该及时结纳，多多交往。如果发现他有什么行为上的缺失应该及时给予忠告；如果自己有能力，更应给予适当的协助，甚至施予物质上的救济。而物质上的救济，不要等他开口，应主动。有时对方急着要，又不肯对你明言，你更应尽力帮忙。寸金之惠，一饭之恩，可使他终生铭记。日后如有所需，他必全力相报。即使你无所需，有朝一日他否极泰来，也绝不会忘了你这个知己。

俗话说："在家靠父母，出外靠朋友。"每个人生活在社会上，都要靠朋友的帮助。但平时礼尚往来，相见甚欢；而一朝势弱，门可罗雀，避之若邪，真正雪中送炭的又能有几个呢？

"人情冷暖，世态炎凉。"趁自己有能力时，多结纳些潦倒英雄，使之能为己用，才有助于自己长久的发展。

平时不屑于冷庙上香，有事的时候抱佛脚不会起什么作用。其实英雄折戟、将军末路是常见的事，只要一朝交泰，风云际会，仍会一鸣惊人、鹏程万里。

从现在起，多注意你周围的朋友，若有值得上香的冷庙，一定不要错过。

温馨小贴士

闲时多烧香，不仅要烧热庙，特别要烧冷庙。平常联系朋友不仅要锦上添花，还要雪中送炭。有一种说法是“扶竹竿而不扶井绳”，竹竿质硬代表强大的一方，井绳质软代表弱小一方，这就是社会中趋炎附势风气的真实写照。大家处于社会中难免会受这种风气的影响。可是，反复想想就会发觉：拜冷庙、帮弱小、雪中送炭更能体现自己的诚心，也会从中得到更多实惠。只有把自己对朋友的惦念表现在平时，才可以积累深厚的情谊，当自己遇到困难的时候才能得到朋友的慷慨相助。

帮人就是帮己

你对着镜子里的人微笑，镜子里的人也会对你微笑，你对着镜子圆睁怒目，镜子里的人也会对你气势汹汹，这是一个很能说明问题的例子。具体到人情世故就是：你帮助别人，别人也会帮你，你对别人的困难视而不见，别人也会对你幸灾乐祸。

人际交往中，帮助别人，就是在自己的人情信用卡储蓄资金，特别是在人患难之际拔刀相助，救落难英雄于困顿。真心助人，其回报不言而喻。总之，助人发财，自己沾光，帮人发达，自己受益。

英国能成为世界强国，海运事业高度发达起了重大的作用。酒店、咖啡店等地方成了这些闯荡大海的人的必到之地。1960年，劳埃德在英国泰晤士河边开了一家咖啡馆，很快，就成了船老板、商人、船员等聚会的地方，很多信息都在这里交流，这里成了信息集散地。

他们在这里畅谈海外的经历见闻，回首航海中的风雨历程。这里有喜怒哀乐，这里有悲欢离合。高兴的人庆贺自己一帆风顺、满载而归；悲伤的人哀叹自己海上遇险、血本无归。

一天，咖啡馆老板劳埃德听到一个海员说：有一个伦巴第人在搞海运保险。这句话在劳埃德的心中掀起了波澜。他想：我何不利用现在的条件，与这些老顾客们联手搞海运保险呢？这样就可以为外出的人们提供一份保障，为遇险的人们提供一份援助。

他把自己的想法告诉大家，并不断地咨询那些从事海上贸易的老板，老板们对此很感兴趣。接着很多船长、船员、货主、商贩等表示，如果哪个人愿意来搞海运保险，他们都参加。这些人观点明确，在有了保障的前提下，谁都想碰碰运气，即使失败了，也不会血本无归。

有了这些人的支持，劳埃德终于下了决心。保险业开始的时候是不需要很多资金的，只要物色好了机构办事人员，就可以开张了。不久，“劳埃德保险公司”就在泰晤士河畔成立了。

他的保险公司生意很快火起来了，昔日小咖啡店的老板，摇身一变，成了保险业的领军人物。劳埃德保险公司的发展是很迅速的，劳埃德很快成为英国人引以自豪的世界上最大的保险业巨头。

劳埃德的做法不难理解，而洛克菲勒的举动着实让人吃了一惊。第二次世界大战以后不久，战胜国决定成立一个处理世界事务的联合国。可是联合国设在什么地方，一时间成了一个颇费周折的问题。按理说，联合国的地点应该设在一座繁华的城市。可是，在任何一座繁华城市建立联合国总部都必须有大量的土地来建造楼房，这批土地必须花费大量的资金。可是刚刚起步的联合国总部无力支付巨款。

正当各国的首脑绞尽脑汁不得其所的时候，美国的洛克菲勒家族出 870 万美元的巨资在世界级的大城市纽约买下了一块土地，无偿捐给了联合国，同时买下了周围的大量土地。

联合国大厦建起来之后，其周围的土地价格立即飙升。洛克菲勒家族也从这片土地中赚到巨额利润。

洛克菲勒家族之所以能够收获丰厚的回报，就是因为他们播下了一粒智慧的种子，以帮助别人、义务投资为前提，同时也帮助自己的家族走向更大的发展。

洛克菲勒家族的成功告诉我们：帮助别人就是帮助自己，要想收获就必须先给予，看准了就要大胆地做。

在一个傍晚，小王下班回家，走到小区附近发现那里围了很多人，他好奇地走过去才得知一个孩子掉进了下水道的井里面，井里面又脏又臭，周围的人打过110后，都围在那里看热闹，谁也不肯跳下去救孩子。小王二话没说就跳到井里救孩子。经过十几分钟的努力，他把满身污泥的孩子托出井口。孩子被110的警察送进医院，他才松了一口气。他去小区的浴池清洗了一番回到家时，发现妻子正急着要去医院。经妻子一说，他才知道，刚才救的那个孩子正是他的儿子。孩子帮妈妈打酱油的时候不小心掉进了没盖盖儿的井里。还好，孩子经过及时救助没有生命危险，这件事情令小王害怕极了，假如他不跳下去救出孩子，等到110赶来的时候会出现什么难以料想的后果呢。他深深明白了"帮助别人就是帮助自己"的道理。

在天桥上常看到这样的情景：一个妈妈带着一个孩子给乞讨的老人和残疾人捐钱。有人觉得好奇，在母子走下天桥时问他们为什么这样做。孩子的母亲说："我们捐献爱心有两个原因，其一是尽力去帮助一下这些处于困难中的人们，其二想利用这种方式教育孩子要有爱心。"

在现代社会特别是商业领域，明星代言成了人们关注的热点，通过明星代言可以促进销量，扩大产品的知名度，从而推动企业更快发展。表面上是明星帮了商家，可仔细想想明星也受益匪浅，明星代言可以使明星获得可观的利润，还可以提高明星的影响。

总之，帮助别人就是帮助自己，赠人玫瑰，手留余香。

温馨小贴士

大家都知道作用力与反作用力的关系，当你对物体施加一个作用力的时候，物体就会给你一个反作用力。人与人之间的关系也是如此，当你对别人凶神恶煞的时候，别人肯定会对你白眼相待；你帮助别人的时候，别人也会在适当的时候给予你帮助。这就是人际关系中的作用力与反作用力。我们应该主动去帮助那些需要帮助的人，这样，当你需要帮助的时候，不用招呼，自然会有人过来帮助你。

第三章
打通人脉

打通人脉说起来其实很简单，就是从对身边资源的挖掘和积累开始：先善对亲人，再打好与老师、同学、朋友、老乡、同事的关系，最后突围到更大的圈子。易凯资本首席执行官王冉就这么认为："不一定是同班同学，也不一定睡上下铺，只要是一个学校毕业的，就会有一种亲近感。现在同学之中很多人已经在各自的行业里进入角色，这个同学网络就成了非常宝贵的资源。"所以说，只要善于与人沟通，就可以将身边的各种关系逐步转化为有效人脉。

上什么山，唱什么歌

一个懂得讲话艺术的人，不见得会说多么华丽的语言，也不一定多么惯用绚丽的辞藻，但是他一定懂得说话的方式和听话人的心理。上什么山，唱什么歌；进什么庙，烧什么香；拜什么佛，念什么经；见什么人，说什么话，这才是办事成功的关键。

求人办事更重视办事人，凡是精于与人交往的人都懂得见人说人话，见鬼说鬼话。

办事有头脑，首先要专注于人的因素，先了解人然后再办事。我们办事所涉及的人各有不同，如果你明白了对方是哪个类型的人，应付起来就比较容易了，这就是因人制宜。

一般来说，应该寻找死板人的兴趣点，对这类人的兴趣点，只要你稍一触及，他就会滔滔不绝地说下去。应付傲慢无礼的人，对这种人说话应该简洁有力，但前提是不要刻意得罪对方。面对沉默寡言的人要直截了当，让他明确表示“是”与“不是”。不要揭穿深藏不露之人的“伪装”，而要挖空心思去窥探对方的情报，促使对方露出他的“庐山真面目”来，或者把你预先了解到的资料拿给他看，让他根据你提供的资料做出最后决断。草率决断的人，没有耐心听完别人讲话，往往“断章取义”，自以为是地做出决断。面对这种人应该把谈话分成若干段，说完一段之后征求他的意见，然后再说。要适可而止地打发冥顽不灵的人，对这种人随便敷衍几句，不必耗时自讨没趣。应对行动迟缓的人要有耐心，对这种人要按捺住性子，尽量配合他的情况去做。遇见自私自利的人能忍则忍,这时要顺水推舟、投其所好。

认真了解别人,真诚关心别人,才能让对方感觉到自己很重要。渴望得到尊重与关心,是人的高层次的心理需要。比如:电话中听出别人感冒了,马上致以真诚的问候和关心;重大节日,不忘致以问候;朋友生日及时送上祝福。通过与客户打电话、见面等交流方式,尽可能认真地去了解对方,同时从交流了解过程中所得到的感受中判断出最适合赞美的地方加以适时赞美。每个人都渴望得到赞美,我们得到赞美时同样会感到飘飘然、心情愉快。

赞美别人一定要注意分寸,要舍弃无谓的羞涩感。为人处世若无自尊,脸皮太厚,就不能得到别人的尊重;反过来,自尊太强,脸皮太薄,就令与其交往的人感到有压力,从而不喜欢与其交往。赞美别人,要保持不卑不亢的态度,赞美对方引以为傲之处、别人意想不到之处,必须让对方觉得不是恭维话。言词可以略带夸张,但必须出自内心,表现出自己的诚意。自己不懂之处不妨趁机请教,满足对方的心理需求。同时要谨记一个不成文的规则:逢人减岁,遇物加价。

人与人之间,靠言语交流,靠心灵沟通。有人认为把自己意思说清楚,沟通的任务就完成了。其实沟通是双向交流,它的成败不仅取决于你说了什么,说得多么好,还取决于对方的反应。

要了解对方的反应,就要学会专心倾听别人讲话。用心倾听是表示你对对方的关心与重视,这样容易赢得对方的好感。用心倾听,能获得对方话里的真正意思,把握对方的心理,知道他需要什么、关心什么、担心什么。只有了解他的心,投其所好,你谈话的信心才更强,讲话才更有说服力。否则,纵使你腹中藏有万千锦绣,也无法使人了解和接受。

入乡随俗、随机应变、因人而异之所以会受到人们的欢迎,是因为它遵循了做事的规律,就像顺水行船易,逆风驶船难一样,不懂得变通的人难免要碰壁。为此,根据经验总结出一句话:上什么山，就要唱什么歌。

有一则笑话，说是某人擅长奉承。一日请客，客人到齐后，他挨个问人家是怎么来的。第一位说是坐出租车来的，他大拇指一竖："潇洒，潇洒！"第二位是领导，说是开车来的，他惊叹道："时髦，时髦！"第三位显得不好意思，说是骑自行车来的。他拍着人家的肩头连声称赞："廉洁，廉洁！"第四位没权也没势，自行车也丢了，说是走着来的。他也面露羡慕："健康，健康！"第五位见他捧技高超，想难一难他，笑着说是爬着来的。他击掌叫好："稳当，稳当！"

从这个"马屁精"高超的捧人技巧中，你定能领悟出"上什么山唱什么歌"的奥妙所在。这样说话人人爱听，与己无损，与人有益，何乐而不为呢？在竞争激烈的市场，推销员要进行专门培训，"拍马屁"就是培训的一项重要内容，简称为"PMP"。这是根据人的心理总结出来的规律，同样的话，用不同的语气和方式说出来就有不同的效果。为了在与人交流中达到理想效果，为了自己的产品能得到别人的认可，为了积累人脉资源，巧妙运用"PMP"技巧实在是一个不错的方法。

那些不看具体情况就批评别人的人常被称为"少根筋"。例如：像在寿宴上对着寿公寿婆大谈人寿保险的好处；对着孕妇说，这年头养孩子吃亏，孩子长大就是一个白眼狼；对着新郎新娘说，今天喜宴的菜好吃极了，啥时候再请吃一次。诸如此类令人火冒三丈的语言都是不识时务的冒失鬼说出来的。为了避免类似的尴尬还是应该学学如下说话的技巧。

上什么山唱什么歌就要看准对方的性格和性别。对方性格外向、透明度高，你就可以随便些，开开玩笑、斗斗嘴，他会很自然地接受，并且会和你消除陌生感把你当成好朋友，物以类聚，人以群分嘛；如果对方性格内向、敏感，你就可以讲一讲适合的笑话，让气氛轻松一些，最重要的是真诚，可以挖掘对方比较在意、隐藏在内心深处的话题，让对方觉得你是真正地关心他，而不是无聊地打趣他。

有些女孩子不喜欢化妆，活脱脱一个男孩子形象，你若跟她谈口红、粉底、睫毛膏之类的，她会毫无兴趣，如果跟她谈足球、NBA，她可能会兴致勃勃。有些女孩子感情细腻，诗情画意，具有文人气质，这时你若和她聊聊《红楼梦》，谈谈徐志摩，定会打开她的话匣子，缩短她与你的心理距离。针对不同性格的人，应该会说不同的话。

同样说人胖，男生会一笑置之，而女性则会自尊心受到伤害，这就是性别带来的差异。所以，同样的话对男人和女人的作用是不同的。说话时应注意根据性别不同，采取不同的讲话方式，说不同的话。

有位名牌大学中文系毕业的高才生，在人才招聘会上，想应聘办公室秘书。他在经理面前自我推销时说话拐弯抹角，半天不切入正题。他先说："经理，听说你们公司的环境相当不错。"经理点了点头。接着又说："这个城市地理位置优越，公司建在这里实在是明智之举。"经理还是点了点头，什么也没说。尔后，高才生又说："经理，秘书一般要大学毕业，有些文学功底的吧？"高才生不紧不慢地在这里兜圈子，始终未道出自己的本意。可是这个经理是个急性子，说话办事干脆利落，他不喜欢来回绕圈子说不到正点上的人。正因为高才生未能摸透经理的性格，结果话未说完，经理便托词离去，高才生的求职也化为了泡影。

说话要讲究场合，要养成随境而言的好习惯。例如，王军陪妻子高高兴兴上街买东西，在熙熙攘攘的商场里妻子兴致很高，从这个柜台到那个柜台，买了这件又看那件，快到中午了仍没有打道回府的意思，王军有些不耐烦了，当妻子提出再买一件高档羊毛衫时，他忍不住生硬地说："你还有完没完，见什么买什么，你挣多少钱哪？"这句话刚出口，顾客们都朝他们看，妻子本来微笑的脸顿时变了样，生气地反驳道："怎么，我还没有花够钱呢，你急什么？我就要买，怎么着？"直把小李顶得说不出话来，难堪极了。接着发怒的妻子也不买了，蹬蹬地自己跑出了商店。小李忽视了场合因素，把在家庭中惯用的说法拿到公共场合来，用生硬的口吻指责妻子，刺伤了妻子的自尊心，妻子为了维护自己的面子表现出了强硬的态度。

还有一种情况，有些人善于变化嘴脸，他们总能在危险的情况下化险为夷。开心网上有这样一个故事就说明了这个道理，故事内容如下。

一只蝙蝠正在树上休息，一不小心从树上掉了下来，恰巧掉在了一个黄鼠狼的巢穴旁。

刚捕食未成空腹回家的黄鼠狼看到一只鸟掉在眼前，高兴极了，一把抓住蝙蝠："哈哈，老天赏给我的美味，我最喜欢吃小鸟，今天要好好尝一尝。唉，你这只小鸟怎么长得像老鼠似的，我可不愿吃肮脏的老鼠。"

蝙蝠急忙申辩道："请等一下，黄鼠狼先生，我不是一只小鸟。你看这对翅膀，连一根羽毛都没有长，鸟能没有翅膀么？我是一只真正的老鼠啊！"

"是吗?让我来看看。"他仔细端详了一番，发现这个蝙蝠的确像一只老鼠，便叹了一口气说："唉，我还以为可以美餐一顿呢，好吧，你滚吧，讨厌的老鼠。"

于是，蝙蝠幸运地死里逃生了。

第二天，当蝙蝠在同一个枝头打瞌睡的时候，不小心又掉下来了。

这次，黄鼠狼太太正在门口晒太阳，看到蝙蝠后喜不自禁："真是太好了，我昨天就听到老公说有一只老鼠掉在这里，今天让我遇到了，真是太高兴了！对我来说，老鼠比得上山珍海味啊！"

蝙蝠急忙叫到："黄鼠狼太太，我不是老鼠，我是蝙蝠啊！"黄鼠狼太太没有听过蝙蝠的名字，她疑惑地说："哦，你这只老鼠的名字倒挺新鲜，你的肉也一定很新鲜，让我来尝尝鲜。"蝙蝠惊慌失措起来，张大翅膀说："黄鼠狼太太，蝙蝠是属鸟类，我是一只地地道道的小鸟，不信，请看这对翅膀，老鼠有翅膀吗？"听他这么说，黄鼠狼太太感觉他的样子和老鼠真有点不同，心里怪怪的。而黄鼠狼太太又是最讨厌吃小鸟的，所以，她很生气地把蝙蝠赶走了。

这样，蝙蝠两次改变自己的身份而死里逃生。

在人的一生中，不仅要懂得面对不同形势而采取不同的措施，对不同的人说不同的话，还要培养决断能力，还要考虑在制定战略对策时，要采取哪些方法才能达到理想效果。

俗话说"秀才遇见兵，有理说不清"，所以说话要看对方的身份。如果你对知识水平不高的人说些"之乎者也"文绉绉的话，对方一定没有耐心听你说，并且以为你故意欺负他学识浅薄；如果你遇见了儿时的玩伴儿还一本正经地说话，对方会认为你故意耍大牌，装模作样，不近人情。

温馨小贴士

人与人交往没有固定模式可循，要想成为处处受人欢迎的"香饽饽"，就必须善于变通，学会因时因地因人而异，不能死搬教条，否则就很难收到预期效果。上什么山唱什么歌，就是说要融入所交往的人群，让自己成为他们的朋友，而不要成为异类。入乡随俗，见什么人说什么话，这样别人看着你感觉舒服，自己也不会有太大压力。如果我们按照这些要求去做，定会在人脉资源上大有收获。

委婉顺耳进忠言

人们常说"忠言逆耳利于行",但生活中常常是你出于好心给对方提出忠告,对方不但不领情并还会记恨你。看来,为别人着想也要讲究技巧,提忠告要让别人高兴地接受才能达到自己的目的。怎样提忠告别人才乐意接受呢?这就要讲究说话的方式和技巧,令听者不反感而愿意接受。

忠告是为了对方,因此,要让对方明白你的好意,就必须注意自己的语气和态度,不可疏忽大意、随意草率,而要谦和诚恳,用语恰当,否则对方就会对你反感。

在不同的时间、不同的场合说不同的话才能起到良好的沟通效果,也就是说选择适当的时机和场合规劝和教导别人,可以使忠言不逆耳,达到事半功倍的效果。

例如工作中,当你的下级尽了最大努力而事情没有办成时,最好不要当时向他们提忠告。如果你毫不留情地说"如果你稍微努力一点就不至于弄成这样一个局面了"之类的话,即使你指出了问题的要害而且很在理,部下也会顿生反感,根本起不到任何作用,并且会破坏你和下级之间的关系,影响以后的合作。如果此时你能说几句"辛苦你了""这事的确比较难办"的安慰话,然后再与属下一起分析失败的原因,属下是会欣然接受你的忠告的。

此外,什么场合提出忠告很重要。原则上讲,提出忠告时,最好一对一,千万不要当着他人的面向对方提出忠告。因为这样做,对方就会受自尊心驱使而产生抵触情绪,不仅不会心甘情愿接受意见而且还有可能使自己难堪。

委婉顺耳进忠言的另一个要素，是不要以事与事、人与人比较的方式提出忠告，也就是不要贬低一方，抬高另一方。因为此时的比较，是拿别人的长比对方的短，很容易伤害对方的自尊心。

一位母亲这么忠告自己的儿子："小勇呀，你看邻居家的强强多乖啊！你还比他大一岁呢。你要好好向他学习，做个听话的孩子呦！"儿子可能会说："哼，难道我不听话吗？为什么只看到别人乖而看不到我乖呢，嘴里整天是强强这也好那也好，干脆把我扔掉算了！"儿子的自尊心受到伤害，母亲的忠告效果是适得其反的。

所以说话要讲究艺术，不要不顾及别人的感受随便说。如果说话的效果不理想，还不如保持沉默。要想做到一言千金，就要思考怎样说话能使别人更好地接受。

在言谈中，有驾驭语言功力的人，就会灵活自如地运用多种表达方式。有些话，非直言不讳不行，但生活中并非处处都要"直"，特别是批评，为了不伤害他人的自尊，就非得含蓄、委婉不可，这样效果才会更佳。

有个故事很能说明这一点。战国时，齐景公的一匹良马突然死去，齐景公非常伤心，一定要杀掉马夫来解心头之恨。大臣们一起劝阻齐景公不能为一匹马而滥用刑罚，而齐景公却拿定了主意，对众人的劝告只当没听见。

这时候，相国晏婴来了。众人都以为晏婴一定有劝诫齐景公，谁也没有想到，晏婴却明确地说："这个可恶的马夫，该杀！"齐景公十分高兴，就把那个心含冤屈的马夫喊来，听晏婴解释他的罪过。

晏婴历数马夫的三大罪状："你不认真饲马，让马突然死去，这是第一条死罪；你让马突然死去，却又惹恼君主，使君主不得不处死你，这是第二条死罪。”

听晏婴痛说马夫的前两条死罪，齐景公心中乐滋滋的。可是晏婴话锋一转，说出了马夫的第三条罪状：“你触怒国君，因一匹马要杀你，使天下人知道我们国君爱马胜过爱人，因此天下人都会看不起我们国家，这更是死罪中的死罪，这种罪过怎能赦免呢？”

听晏婴诉说马夫的第三条罪状，齐景公开始时连连点头咧着嘴笑。当晏婴说到“使天下人知道我们的国君爱马胜过爱人”时，他张开的嘴定在那里，脸一阵红一阵白。晏婴又吆喝一声：“来人，按大王的意思推出去斩了！”这时齐景公如梦初醒，赶紧对晏婴说道：“相国息怒，寡人知错了。”

晏婴没有正面批评齐景公，却达到了劝谏救人的目的。可见，委婉的批评会取得很好的效果。在这样的场合中，一方面，该说的话不能不说，根本利益不能牺牲，原则不可放弃；另一方面，关系又不可弄僵，彼此的面子与和气不能伤害。所以，这就需要首先承认对方的实力、地位、权威，甚至他的道理，然后插入你的话锋。你的话虽委婉动听，但实际上却是对对手彻底的否定。

批评他人时，如果语言委婉，被批评者就容易接受。因为对方认为你的委婉是给了他面子，感激之余，就会积极地改正。如果批评者语言生硬，对方感觉你伤了他的自尊而反感，这样反而达不到批评、教育人的目的。

批评别人时，直话直说容易激起别人的愤恨。他们不会被你的直言直语所打动。就如同小孩吃药片，加点糖水一起送入口中，他们会欣然服用。说话时，你不妨给自己的语言裹上一层“糖衣”，使别人乐意接受你的忠言。

批评之所以被人拒绝，一般出于两种原因：其一是批评者不了解当事人的处境和造成错误的原因，使当事者感到委屈；其二是批评者采用了权威性的立场，暗示当事人行为“笨拙”或“愚味”，引起当事者反感。如果真诚为朋友着想，进行善意的批评，讲究批评艺术，就能避免这两种错误。

行动失误、办了错事的人，常有防卫自我尊严的倾向。如果有人再以权威者的姿态指责他的想法不高明，行动有欠缺，他的尊严受到威胁，那么防卫倾向会增强，充耳不闻是很自然的反应。批评别人时忌讳只顾自己一味发脾气，得理不让人。如果不讲究批评的方法和艺术，其结果与初衷只会适得其反。

一次，某公司办公室主任怒气冲冲地走进办公室，啪的一声将一份报告摔在秘书小王的桌上，办公室里的几个人同时愣住了。李主任以为这是一个杀一儆百的好机会，接着大吼道：“你看看，干了这么多年，竟写出这样空洞无物的报告，送到总经理的手中，一定会以为我们都难胜其任！以后，脑子里多装些工作，上班时间精神振作一些。”说完，一甩手走了，不管小王多么尴尬。过后，李主任满以为办公室里的工作效率会提高，可事与愿违，大家都躲着他，布置工作，不是说没时间，就是说手头有点重要的事，李主任这才领略出一点滋味，意识到此举是不明智的。我们应该试着学会使批评更具魅力和人情味。

如果将批评放在真诚的赞美中，效果会更理想。特别是对孩子的批评更应该这样。例如，期末考试结束了，张小玲的成绩单拿到手了，发现除了英语考得不好外，其他各科成绩都还不错。父母将她叫到跟前，和蔼地说：“玲玲，你这次成绩进步了，爸爸妈妈都很高兴。如果你继续努力的话，下次英语一定可以考好，这次主要吃亏在听力上，过几天爸爸给你买个随身听，咱再把听力好好练练，下次考试争取再上一层楼。”张小玲接受了这番赞扬，同时也意识到下学期需要再加把劲，把英语成绩赶上去。

试想，换一种说法，加入“但是”两个字，“……但是，你如果加强一下英语就更好了。”这很可能使张小玲怀疑赞扬之辞原来是批评的“前奏”，因而产生抵触情绪，对她的学习会有不好影响的。

有时候将善意的批评寓于无声的行动中，会更具有说服力。

有位司机介绍说：那天他开车违章被拦截，执勤人员礼貌地递给他一张卡片，他还以为是罚款单，可接过一看，上边却印着“安全行车是您和所有家人的幸福”的字样，他感到非常惭愧，主动认了错。他说：“开车十八年，执法单位这样做，真是破天荒头一回。”这种感化的批评更具魅力和人情味，使人乐于接受和改正。在进行批评时，应避免损伤对方的自尊心，宜用诚恳的态度和平静的口吻，不含讽刺意味的词语，使对方感觉到批评后面的善意和友情，他就不会拒绝。

温馨小贴士

大家都知道“忠言逆耳利于行”的古训，但是很少有人能够做到高高兴兴地听取别人的逆耳之言。明明知道对方是好意，但如果言语太刺耳也会反感。如果自己好心规劝别人引来一场争吵，这就偏离了自己的初衷。使别人欣然接受自己的劝告才是自己的目的。怎样才能使别人接受自己的劝告呢？委婉表达自己的意思，让自己的劝告变得顺耳，听者才能够把你的话放在心上。同样的意思不同的表达收到的效果也不同，由此可以知晓委婉顺耳进忠言的妙处。

说话方式有讲究

提到“说话”也许大家认为没有什么可讲的，一般人都认为说话就是用逻辑性的语言把要表达的意思清楚地说出来就可以了，哪里还需要这么多的讲究呢？事实上，说话远远不止这么简单，懂得说话的人是讲究说话方式的。下面以劝说为例来说明这一问题。

劝说是指在沟通中能够令人信服的一种说话技巧。它之所以能够令人信服是因为它讲究说话的方式，劝说的基本方式分以理劝说和以情劝说两种。

以理劝说必须具有充足的理由，循循善诱，以理导入，再以理结尾，使人茅塞顿开。用讲道理来劝说别人，远比你用高压态度命令别人做事有效得多。因此，我们在劝说别人时要更多地注意语言的表达方式和语气，做到以理服人。

著名相声演员马季发现他的学生姜昆写相声段子时，一写就是以唱段为主。这固然是因为姜昆嗓子好，想充分发挥自己的特长，但是只写唱段，不利于相声演员的全面发展。为此，马季想找个机会向姜昆指出这一点。

一天晚上，姜昆来到马季家里，见马季正在做晚饭，便问道：“你在做什么饭呀？”马季答：“炒饼。”姜昆问：“早上吃的什么？”马季答：“炒饼。”姜昆又问：“中午呢？”马季答：“还是炒饼。”姜昆很有感慨地说：“呵，你怎么搞的，一天三顿都吃炒饼？”马季朝姜昆一笑，说：“其实吃饭和写段子一样，总吃一样饭就让人腻，只有隔三差五地变变花样才有新鲜感。再说，要想把饭做好了，就得练一些蒸花卷、焖米饭的本领……”

这句话听似寻常，但其中的含义给了姜昆一定的暗示。从此，他不仅丰富完善了唱段的写作，也不断开拓新的表现手法，从而使自己的相声技艺得到很大提高。

以情劝说是以对方的某种感情为切入点，然后再进一步扩展思路，由表及里，由此及彼，以情感化对方，达到劝说的目的。

钢琴教师诺瑞丝在教学生贝贝蒂练钢琴时，发现贝贝蒂的手指甲特别长。长指甲对弹钢琴有妨碍，诺瑞丝想让贝贝蒂剪去长指甲。可是，贝贝蒂对自己的长指甲却非常珍爱，要想说服她剪掉它不是一件容易的事。于是诺瑞丝对贝贝蒂说：“蒂丝，你有一双很漂亮的手和美丽的指甲，真让人羡慕。”贝贝蒂得意地看着自己的指甲。“不过蒂丝，如果你想把钢琴弹得像你所希望的那样好，你的长指甲可能会给你捣蛋。要是能把它修得短一些，你就会发现弹钢琴对于你来说真是太容易了。好好想一想，好吗？”贝贝蒂听到这几句话，当时并没有往心里去，反而给了诺瑞丝一个鬼脸，意思是说她不可能把指甲修短。但是，诺瑞丝知道，贝贝蒂以后会考虑她的话的，所以她并不着急，说完这句话便与贝贝蒂告别了。果然，第二个星期贝贝蒂第二次来上钢琴课的时候，她的长指甲不见了。

诺瑞丝想叫贝贝蒂剪指甲，不直接提出，而是先表扬，再从对方的角度提出自己的建议。想得如此周到，岂有劝不成之理？

以情劝人，重要的就是一个情字。要讲情，就要从对方的心理出发，发现对方的心理所需，才能动之以情。

与人打交道，不仅要学会以情劝人，而且还要懂得安慰人要得体。当我们认识的人遭遇不幸时，我们的反应总是不大得体。我们偏偏说出他不愿意听的话，令他难过。他需要我们时，我们却不在他身边，或者，就是和他见了面，我们也回避那个敏感的话题。既然我们并非存心对他无礼或冷漠，那么，为什么我们会在愿意帮忙的时候有那样的表现呢?

大多数人都有过这样的经验,就是无意中说错了一句话,巴不得能立刻把它收回,然而覆水难收,后悔也已经来不及了。那么,怎样才能在某人处于困难时对他说适当的话呢?虽然没有严格的准则,但有些办法可使我们衡量情况和做出得体而真诚的反应。

首先应留意对方的感受,不要以自己为中心。当你去探访一个遭遇不幸的人时,你要记得你到那里去是为了支持他,帮助他,你要留意对方的感受,而不能只顾自己的感受。

不要以朋友的不幸遭遇为借口,而把你类似的经历扯出来。要是你只是说:“我是过来人,我明白你的心情。”那当然没什么关系。但是你不能说:“我母亲去世后,我有一个星期吃不下东西。”每个人的悲伤方式并不相同,所以你不要让一个不像你那样公开表露情绪的人感到内疚。

在安慰别人时要静心倾听,接受他的感受。丧失了亲人的人需要哀悼;需要经过悲伤的各个阶段;需要说出他们的感受和回忆。这样的话题谈得越多,越能产生疗效。要顺着你朋友的意愿行事,不要设法去逗他开心,只需要静心倾听,接受他的感受,并表示理解他。有一个接受治疗的人说:“我最感激一个朋友的关怀,因为那个朋友每天会给我打一次电话,而每次谈话都不超过一分钟,只是让我知道他惦记着我,但不坚持要我报告病情。”

说话的内容要符合实际,不能天方夜谭,要尽可能表示乐观。例如,泰莉·福林马奥尼是马萨诸塞州综合医院的护理临床医生,曾给几百个艾滋病患者提供咨询服务。据她说,许多人对得了绝症的人都不知道说什么好。他们说一些:“别担心,过一下就会好的”之类的话,明知这些话并不真实,而病人自己也知道。

“你到医院去探病时,说话要切合实际,但是要尽可能表现乐观,”福林马奥尼说,“例如‘你觉得怎么样?’和‘有什么我可以帮忙的吗？'这些永远都是得体的话。要让病人知道你关心他，知道他需要时你能帮忙。不要害怕和他接触。拍拍他的手或是搂他一下，可能比说话更有安慰作用。”

当你遇到一个朋友，她虽是大龄女青年，但仍待字闺中，因为没有遇到合适的伴侣而坐卧难安，家人也因为她的终身大事没有着落而感到发愁。这时，你不要再说：“为什么还不嫁人啊？条件别要求太高了，你已经很大了，赶快结婚吧。”之类的话。你说这些对人一点帮助都没有，还会刺伤别人的自尊心。这时你不妨说：“两个人走到一起要靠缘分，好事多磨，有一个夏娃必定有一个亚当。”这样会让你的朋友宽心，从而认为你的确是在为她着想。

安慰别人要有足够的耐心。比如，丧失亲人的悲痛在深度和时间上各不相同，有的持续几年。一位寡妇说，“我丈夫死后儿女们老是说：‘虽然你和爸爸感情一直很好，可是现在爸爸已经过去了，你得继续活下去才好。’我不愿意别人那样对待我，好像我摔跤时擦伤了膝盖而不愿起身似的。我知道我得继续活下去，而最后我的确活下去了。但是，我得依照我自己的方法去做。悲伤是不能够匆匆而过的。”

另一方面，如果一个朋友的悲伤似乎异常深切或者历时长久，你要让他知道你在关心他。你可以对他说：“你的日子一定很难过。我认为你不应该独立应付这种困难，我愿意帮助你。”他听到这些话一定很温暖。总之，在生活中讲究说话的方式会使人轻松与人沟通，使自己成为受欢迎的人。

温馨小贴士

说话不是一个人的事情,不要想说什么就说什么,想怎么说就怎么说,而要考虑听话人的感受。话语是与人沟通的媒介,涉及说话人和听话人两方面。如果说话人不讲究方式,不仅达不到说话效果,反而招致别人的不满,这样就徒劳而无功了。只有了解听话人的内心,与其进行心灵上的交流,才能使听者顺心说者得意。

与人沟通要讲究艺术

在生活中由于缺乏沟通而引起误会的事情屡见不鲜，误会的产生主要是因为沟通环节出了问题，只有在与别人沟通中讲究艺术才能避免不必要的麻烦。与人沟通的时候喜欢听别人对自己的赞扬是人的天性。工作很辛苦，能力虽然有大有小，但尽了自己的力量，当然希望得到他人和社会的承认，这是人之常情。

会为人处世的人，必然避其锋芒，即使觉得对方干得不好，也不会直言相对；生性油滑、善见风使舵的人，则会阿谀奉承，拍马屁；耿直的人，也许要实话实说，这就让人觉得你太过鲁莽，锋芒毕露了；有锋芒也有魄力，在特定的场合显示一下自己的锋芒，是很有必要的，但如果太过，不仅会刺伤别人，也会损伤自己。那么，怎样做才能既表达出自己的真实感受，又不伤害别人呢？这就要讲究沟通的艺术。

俗话说："顺情说好话，耿直讨人嫌。"现实生活中经常见到"说谎"的人，不过这种谎言是善意的。在忙得不可开交的时候，接到话不投机的朋友打来的电话，偏偏他讲了五分钟还没有放下话筒的意思，于是只好说一声："对不起，我要急着出去办事！"明示对方结束话题。尽管是言不由衷，但于人于己都无害，别人也容易接受。这就是要教会我们"顺情说好话"。

在与人交流中适当运用幽默进行调节也是不错的方法，幽默被称为最妙的语言艺术。一次，德国著名作曲家翰内斯·勃拉姆斯参加一个晚会，不曾想，遭遇一群女人的包围。他一边礼貌地应付，一边想解脱的办法，忽然他心生一计，点燃了一支粗大的雪茄。很快，有几个女人忍不住咳嗽起来，勃拉姆斯照样泰然地抽他的雪茄。

终于有人忍不住了，对勃拉姆斯说："先生，你不该在女人面前抽烟啊！""不，我想，有天使的地方不该没有祥云！"勃拉姆斯微笑着回答。他用幽默的语言，使自己从无奈的纠缠中解脱出来。

与人沟通要真诚，但并不等于不假思索地将自己的感觉和想法毫无保留地说出来，你的感觉是否正确是需要判断的，如果自己的感觉是错的，就会产生令人后悔莫及的后果。

在日常生活中，人们对某些事物的看法都属于见仁见智，本无所谓对错。比如个人的衣食住行、兴趣爱好等。许多自称为"直来直去""有啥说啥"的人，其实是简单地用自己的观念和习惯去衡量别人的态度与行为，一遇到不合自己胃口的事立刻就指责别人。实际上这不是对他人善意的真诚，只是自我不悦情绪的随意宣泄。

俗话说"不看你说的是什么，只看你怎么说的"。同样一个意思，不同的人有不同的说法，不同的说法有不同的效果。与人交流，不要以为内心真诚便可以不拘言语，而应委婉艺术地表达自己的想法。一句话该怎么说，其实很简单，只要站在对方的立场想一想就可以了。

人际交往中真诚不等于双方直接简单、毫无保留地相互袒露，而要本着善意和理性，把有益于对方的东西进行精心装饰，然后以诚恳的态度送给对方。

刘梅从小就受到严格的家庭教育，父母要求她要真诚对人，为人要诚实，这成了她的做事原则，每当见到同学有什么错误，她总是毫不留情地指责，即使面对老师也不避讳。所以她从上学开始就没有人愿意与她做朋友，大家都害怕自己的某些缺点和错误被她当众说给老师听。她上班后,同事对她也避之若邪。四处碰壁的她觉得自己没有错,继续着她"耿直"的性格,而后与她相恋了 2 年的男友也因为受不了她的性格而跟她分手了。直到刘梅发现自己竟然找不到一个可以谈心的人的时候，才痛苦地明白,原来绝对的诚实与绝对的欺骗一样都是犯了过犹不及的错误。

刘梅的事例说明与人沟通很多时候不需要绝对的真实,而是要懂得灵活变通,要照顾到别人的心理感受。如果你为了诚实而诚实，不顾及过分诚实带来的后果，就会在无意间得罪很多人，成为孤家寡人。

我们要把握住一点，真诚的核心是与人为善。如果对别人来说,"谎话"更适宜和容易接受,又不会伤害任何人的利益,我们不妨用一下,但在任何时候,都绝不能为了个人利益而放弃诚实。

周林是肾脏外科专家,他在学术界以及临床经验方面都享有极高的美誉。平时,他作风严谨,言而有信,很受朋友的欢迎。但是,他在一件事情上始终说着假话。这是因为一般到他所在医院来求医的患者,多数都已经是肾病重症晚期了。当他的患者所剩时间不多的时候，他都会提醒其亲属千万不要对患者说实话,以免给患者带来更大的心理负担,他希望这些人能够平静且尽量开心地走完最后一程。在患者面前他永远面带慈祥的微笑,每天说的最多的一句话就是:"你的病情明显好转，一定要对自己有信心啊,一切都会好起来的。"

这就是"善意的谎言",是为了让病危之人安心度过人生的最后一段时间而说的谎话。这样的谎言对医生来说是美好的愿望，对病人来说是减轻痛苦的良药,也是真诚与人交流的语言艺术。

在沟通中达到双赢是沟通的最高境界。虽然不同的人对赢的理解可能不同,双方可能赢的程度有差异,但要在确保对方赢的前提下自己才赢。双赢的基点是建立在最根本的良心的基础上，只要你将心比心，就不难理解它。

在认识双赢的重要性之后，就应该着手协调自己的人际关系。协调人际关系时，首先要注意的是要不断提高自己的沟通能力。每个人都有一套交际方式，但是这些不同的方式都有一个共同点，就是必须先具备良好的沟通能力才显得自然，才会给人留下良好的印象。一个善于沟通的人会从对方的谈话中找出自己想要的线索，不管对方言语如何无味，都要认真听，两眼注视，使得滔滔不绝者觉得很有兴致并认为两人说话很投机而逐渐成为好朋友。人们在一个团队里工作，虽然每个人都认识到大家的利益是一致的，认识到协作对一个人的重要性，但也不可避免地产生矛盾、误会，这时沟通就成为救治这方面问题的灵丹妙药了。有效的沟通和协调能及时消除人们之间的分歧、误会和成见。

现在，研究情商的心理学和人才学家就把沟通能力纳入了现代人才的必备心理品质。在我国北京、深圳、广州等一些经济发达地区出现了针对企业职工的专业心理训练，旨在帮助他们改善沟通达成双赢，把在训练中获得的信心和团队精神带到工作中去，从而提高效益。

沟通有两种情况，一种叫人际沟通，另一种叫组织沟通。人际沟通是指与亲朋好友、同事、领导等个人的沟通。组织沟通，是在组织当中的沟通，在企业里面，组织沟通不同于人际沟通，因为组织沟通有特定的游戏规则。而双赢的沟通效果适合于这两种沟通方式。

组织沟通中最重要的环节就是向谁表达，也就是沟通对象是谁。在组织里，沟通对象的选择可以概括为两条：第一条是按照指挥链沟通。在组织当中沟通，只能是按指挥链条，有什么问题和上下级沟通，可以越级申诉，但不能越级汇报。第二条就是和当事人沟通。简单说就是一句话，谁的问题找谁。甲和乙之间有了矛盾，有了冲突，就甲和乙之间沟通。为此，在组织沟通中达成双赢的目的显得更为重要。

语言艺术的精妙不是只言片语能够说清楚的，只有在与人进行语言沟通中才能体会到，说话讲究艺术可以增加别人的愉悦和乐趣，得到别人的尊重，收获珍贵的友谊，扩大人脉；说话不讲究艺术，不仅使自己显得庸俗和浅陋，而且会伤害别人的自尊，遭人唾弃，树立对头。为此说话要讲究艺术，做一个懂得语言艺术的人。

温馨小贴士

与人沟通有着很大的作用，方法得当它是千金良方，方法不对它是剧毒猛兽。话语作为与人交流的重要方式它的力量是难料想的。它可以使一个穷困潦倒的流浪汉变成一位盖世英雄，也可以使徜徉在幸福岸边的姑娘落入十八层地狱；它有着起死回生的魔力，也有着杀人不见血的残忍。如何才能运用好语言这把双刃剑呢？这就需要我们仔细琢磨与人沟通的艺术。

克服沟通的心理障碍

拥有丰富多彩的人际关系是现代人生存和发展的需要。可是，现实生活中，很多人的这种需要都没有得到满足。他们总是感慨世界上没有真情、缺少帮助、缺失爱，那种强烈的孤独感困扰着他们，令他们时时处处感到不安，不能敞开心扉与朋友交往。其实，拥有真挚的友谊并不是多困难的事情，很顺畅地与别人进行交流只需克服沟通的心理障碍。

很多人之所以缺少朋友，仅仅是因为他们在人际交往中总是采取消极的、被动的方式，总是期待友谊从天而降。这样，虽然他们生活在一个人员众多的工作场所，却仍然无法摆脱心灵上的孤寂。这些人，只能做交往的响应者，不能做交往的主动者。

如果想赢得别人的友情，与别人建立良好的人际关系，摆脱孤独的折磨，就必须主动交往，珍惜所有与人交往的机会，做一个善于交友，善于保持朋友关系的人。

但在沟通中，人们往往存在一些认识误区。首先是更注重自己的看法，而不能容忍另类思维。其实，在追寻真理的过程中，人们在不断重复着“瞎子摸象”的游戏，带有很强的片面性，或者摸到了腿，或者摸到了鼻子，只有把这些综合起来，才能距真理更近一些。其次是一些人放不下“架子”，总认为自己的见识高人一等，这样就产生了心理障碍，很难与人有效沟通。须知术业有专攻，尤其在知识爆炸的年代，在一个领域你是专家，换个领域说不定你就是小学生了。

此外一些人有自卑心理，觉得自己是小角色，职位低、见识少，钻进了沟通的牛角尖。实际上有了红花还需要有绿叶，有了大树，小草也有存在的价值。沟通中，远离的是误会、怀疑、猜忌和敌意，拥抱的是共识、理解、信任和友谊。

心理学家研究发现，有两点原因影响人们交往的积极性。一方面是生怕自己主动与人交往别人不响应，使自己陷入尴尬的境地。实际上，在现实生活中，每一个人都有交往的需要，因此，担心别人不会以礼相待是多余的。试想，在没有任何过节儿的情况下，如果别人主动而友好地与你打招呼，你会冷面以对吗？

生活中有一个非常有趣的现象：在硬座火车上，六个人坐在一个“隔间”里面，如果其中至少有一个是主动交往的人，那么他们总是谈得热火朝天，一路上充满欢声笑语；如果这六个人没有一个人主动和别人交往，那么，从起点坐到终点，他们会始终处在无聊的气氛中，看书也没劲，对望又很尴尬，所以干脆闭目养神。与其尴尬地面面相觑，还不如主动打个招呼，使得大家一路不寂寞。不是吗？当你尝试着主动与别人打招呼、攀谈时，你会发现，人际交往是如此容易。

另一方面，人们对主动交往有很多误解。比如，有的人认为“先同别人打招呼，显得自己低人一头。”“我这样麻烦别人，人家肯定会烦的。”“我又没有和人家打过交道，人家怎么会帮我的忙呢？”等等。其实这些都是害人不浅的误解，但却实实在在地起着作用，阻碍了人们在交往中采取主动的方式，从而失去了很多结交别人、发展友谊的机会。

当你因为某种担心而不敢主动同别人交往时，最好去实践一下，用事实去证明你的担心是多余的。不断地尝试会积累你成功的经验，增强你的自信心，使你的人际关系状况越来越好。

两个青年到一家公司应聘。经理把第一位求职者叫到办公室，问道：“你觉得你原来的公司怎么样？”求职者用极不满的口吻答道："唉，那里糟糕透了。同事们尔虞我诈、勾心斗角，部门经理粗野蛮横、以势压人，整个公司暮气沉沉，生活在那里令人感到压抑，所以我想换个理想的地方。""我们公司恐怕不是你要寻找的理想去处，请您另谋高就。"经理说。于是这个年轻人满面愁容地走了出去。

第二个求职者也被问到这个问题，他答道："我们那儿挺好，同事们待人热情、乐于互助，经理们平易近人、关心下属，整个公司气氛融洽，工作十分愉快。如果不是想发挥我的特长，我真不想离开那儿。如果有幸被贵公司录取，我相信通过我的努力不仅可以融入这个温暖的集体，而且可以发挥我的特长。""你被录取了。"经理笑吟吟地说。

思维心理学大师史力民博士指出："乐观是成功的一大要诀。"他说，失败者通常有悲观的"解释事物的方式"。即悲观者遇到挫折时，总会在心里对自己说："生命就这么无奈，努力也是徒然。"由于常常运用悲观的方式解释事物，无意识中就丧失斗志不思进取。他还说，人类的所有行为，无论乐观还是悲观都是可以学的。因而悲观者的悲观性格，并非命中注定，而是后天养成的。悲观者可以会学乐观。而达成这一愿望的前提就是消除与人沟通的心理障碍，快乐地与周围的人交流。

如果你一次创业失败了，不要说："所有的事情都难做，以后还是在家里待着好了。"你要对自己说："这一次创业失败了，我学到了些什么呢？怎样才可以避免类似的错误呢？"这就是告诉我们不要扩大事态，而是在与人沟通的过程中寻求补救的方法。

当一件事失败的时候，不要说："我是失败者。"你要对自己说："我做这件事总有不当的地方，才出了这么大的错。我下次该怎样做才会有更好的结果呢？"也就是不要把"人"与"事"混淆，以免在与人沟通的时候产生自卑心理。

有不如意时切勿对自己说："我时时都是倒霉的。"一个人不可能总是走背运。你要对自己说:“似乎很多时候我做事不大如意,到底原因何在?”当你立志改变灰色的人生观,树立光明的人生观,并大胆而真诚地与周围的人交流的时候,成功与健康便离你不远了。

让明媚的阳光充满自己的心灵,让无尽的希望充斥自己的内心,做一个积极向上、快乐达观的人。努力消除与人沟通的心理障碍,让自己健康而积极的情绪影响周围的人,成为一个传播快乐、挥洒阳光的幸福者。

温馨小贴士

也许有很多人都不在意心理作用对自身的影响,然而心理作用就像一只无形的手指挥着我们的行动。如果一个人在与人沟通上存在心理障碍,就会畏首畏尾,别别扭扭,那么听话者会感到很不舒服,沟通的气氛会显得很紧张,可想而知,沟通的效果也会很糟糕。只有摆正态度克服障碍,给自己积极的暗示,大大方方,既可得到别人的尊敬又可以很好地表明自己的观点。

赞美别人的奥妙

一个人得到赞美，得到别人的认同，能使自己产生优越感和自豪感。人是感情动物，被别人赞美时，会露出喜悦的神情。尽管知道那不过是阿谀逢迎，也不会很反感。有些人听到言过其实的赞美，会得意洋洋，倘若再加奉承，更会飘飘欲仙。

赞美话是人际关系的润滑剂，灵活运用赞美言辞是搞好人际关系的一个关键。而且赞美不嫌多，若只说一次便再也不说了，其效果就不明显，若能扶梯式地不断攀升，就能达到更好的效果。

赞美别人有两种情况，一种是对一般优点赞美，一种是对大家不注意的细微优点赞美。两相比较，后一种赞美更容易使人喜悦。

法国一位将军屡战屡胜，别人称赞他是了不起的军事家时，他无动于衷，因为他确信自己打胜仗是当然的事。然而有人指着他的发须说："将军，您的发须可与美髯公相媲美"，将军欣然笑了。

再比如说，女性对自己的五官、仪表、体态优点都非常清楚，若在这上面做文章，只会使她觉得多余，甚至会被认为是虚伪的奉承。但若在对方不以为然的部位上做文章，肯定对方不为人注意的优点，对方会喜不自胜。

对专家、教授，赞美他的业余爱好，比如说某某数学教授的书法很不错，比赞美他的专业更能得到他的好感。

恋爱离不开交谈，初次相见的男女尤其如此。每每听到爱人说“我爱你”，总能激起万般柔情，千种蜜意。大家所熟知的大文豪马克·吐温常把写有“我爱你”“我非常喜欢你”的小纸条压在花瓶盘子下，给妻子意外的惊喜。这种习惯伴随他们一生。可见，甜言蜜语绝非多此一举，而是恋人们增进感情的良好途径。

会说赞美的话容易受众人的欢迎。当一个人听到别人的赞美话时，心中总是非常高兴，脸上堆满笑容，口里连说：“哪里，我没那么好。”“你真是会说话！”即使事后冷静回想，明知对方所讲的是赞美的话，却还是抹不去心中那份喜悦。

说赞美话是与人交际所必备的技巧，赞美话说得得体，会使你更迷人！

赞美别人首要的条件，是要有诚挚的心及认真的态度。言辞会反映一个人的心理，有口无心，或是轻率的说话态度，很容易被对方识破，而产生不快的感觉。再者，赞美别人，不可讲出与事实相差十万八千里的话，例如，一个病怏怏的老人站在路旁等公共汽车，你很热情地说：“大爷，您的体格真健壮。”对方感受会如何呢？本来是赞美的话，却变成了讽刺，得到了相反的效果。如果你说：“大爷，您老小心点儿，人多，别碰着您。”老人会对你的关心很感激。

赞美别人要坦诚，这样，你所说的赞美话，会超过一般赞美的效果，成为真正夸奖别人的话，听在对方耳中感受自然而亲切。

当然，赞美别人也要有技巧。人与人是不同的，但大家都不喜欢敷衍而雷同的赞美。赞美别人就让别人觉得你所说的话是发自内心的，并不是为了讨好而说的客气话。举例来说，对于美，人们的看法不尽相同。有的女孩很一般，没有什么特殊的外貌和气质让别人对她产生深刻的印象。但是冬天到了，当女孩戴上一顶别致的帽子，扎上一条漂亮的围巾出现在人们面前时，她的气质一下子就表现出来了，时尚而高雅，秀气而脱俗。

当今时代是一个节奏快速、充满动感的时代，因此，美的标准并不是只看五官，最重要的还是脸上的表情以及动作、姿势。

当你心头涌动着非功利目的、自然亲切、朴素厚实的好话时，不要犹豫，要赶快说出口。只要你确实是由衷而发、确实不求回报、充满善意，就大大方方、清清楚楚地把你的好话说出来。即使遇上了“分不清好赖”的人，好心当成坏心也无所谓，因为你焕发着人性善的光辉，你把好话给予别人，即使是你的亲人，那也是必要的举动，这世上的绝大多数人是会接受的。除非你非常坚强，有超强的忍耐寂寞的能力，对恶言恶语有超乎寻常的免疫力，否则，到头来你还是会需要他人的和言善语。

当然，善意的批评，恨铁不成钢的讽刺，乃至于义正词严的训斥，可以被视为广义的好话。至于口蜜腹剑、阿谀赞美、巧言取利……自然不能算好话。

赞美之词是一把双刃剑，在社交中，它能增进人际关系，也能破坏人际关系。适当的赞美就像社交中的润滑剂，但过分的赞美，就会被对方认为你虚伪和别有用心。

初次见面，无须在对方的人品和性格上下工夫，最要紧的是对其过去的事迹、行为或身上的装饰品等有形事物适当赞美。如果，刚一见面你就称赞人家：你真是个好人，会让人感觉不太对劲，刚一见面你怎么知道人家是好是坏？这会引起对方的怀疑和戒心。如果赞美对方的事迹或身上的饰品就不存在这样的误解。为此“间接恭维”是初次见面最好的恭维方法。

赞美的艺术可以帮助你提升个人魅力，赞美的话说得好可以达成所愿、皆大欢喜；赞美的话说不好，则会弄巧成拙，令人记恨。为此一定要注意用恰当的言辞去赞美别人。

在人生的舞台上大放异彩固然令人欢欣鼓舞，坐在台下真诚为别人鼓掌同样令人感动。只能展示自己而不能去赞赏别人是自私的表现，将他人的亮丽与自己的光辉同等看待的人才是胸怀宽阔、能聚人气、可成大事的人。

让我们通过自己独特的方式去赞美别人吧，这样是对别人的鼓励和肯定，也是对自己的激励和善待。你赞美别人的时候，别人收获了快乐，你收获了人脉，这样一箭双雕的事情值得尝试。

温馨小贴士

在生活中谁都愿意和自己谈得来的人交往，谈得来的人就是能够相互欣赏、相互鼓励、志同道合的人。被朋友赞美是幸福的事情，赞美别人是快乐的事情。能够得到别人真心的赞美，说明自己确实很不错，赢得了别人的认可；真心地赞美别人，说明自己成熟了，能够用独特的眼光去欣赏别人了。我们应该把赞美看成人际交往的一项艺术，巧妙运用夸奖赞美别人，可以赢得更多的友谊，加深与朋友的交情，在日积月累中建立自己的人脉储备。

套近乎也能打通关系

"套近乎"用于关系并不是很铁的两个人之间。正因为不亲近，为了好办事所以要套近乎。套近乎能够帮你打通人脉。套近乎这个词很有意思，在词典中的解释为："和不太熟识的人拉关系，表示亲近，略含贬义"。也就是说套近乎似乎不光明正大，但实际上并非如此。

在生活中，和不太熟悉的人交往，怎样才能拉近和对方的距离呢？套近乎啊。你和对方是不是有共同认识的朋友，注意，这里只要认识就行，不必非常熟悉，因为目前的关键是让你和对方尽快感到亲切。没有共同认识的朋友怎么办？那好，考虑一下地缘关系，是不是老乡，或者去过对方的家乡。也没有，那就把"家乡"的范围再扩大些，同一个县、同一个市、同一个省抑或都是江南人或者江北人。如果还是没有，那就说说兴趣爱好吧，对方喜欢的，你是不是略知一二。

有人会问：这么套近乎，无非就是酒席宴上解脱一下互不相识的尴尬而已，酒席散了，各奔东西，谁还认识谁啊，有必要这么小题大做吗？

奉劝大家，千万不要小瞧套近乎的作用，有人就通过套近乎套出了个"汽车销售大王"的桂冠呢。让我们来看看这位"大王"是怎么套近乎的吧。

乔·吉拉德是美国汽车销售界的传奇人物，被称为汽车销售大王，他成功的秘诀就是套近乎。一开口说话，就让你觉得很亲切，好像他和你是久未谋面的老朋友。

“哎呀，老兄，好久不见，你躲到哪里去了？”假如你和乔·吉拉德见过面，你一进入他的展区，就会看到他那真诚、灿烂的笑容，热情地同你打着招呼，喊着你的名字，似乎你就是他的亲戚。

他这样亲切，让本来只是想随便看看车子的人产生了一点局促不安，忙说，“我只是随便转转，随便转转。”

“来看望我必须要买车吗？天啊，那我不就成了孤家寡人了？不管怎么样，能够见到你，我就感到很高兴！”

吉拉德几句话就让朋友的尴尬和局促消失得无影无踪，也许会跟他到办公室坐坐，聊一会儿天，喝杯茶，爽朗而不放肆地大笑一气。当起身告别的时候，心里会产生恋恋不舍的感觉，这个时候，购买欲望会变得强烈，购置计划也许会提前实行。

对陌生的顾客，吉拉德也有自己的一套办法。一天，一个建筑工人来到他的展位，吉拉德与他打完招呼，就谈起了建筑工作，一连问了好几个关于施工队的问题，每个问题都围绕着这位建筑工人设计，比如“您在工地上做什么工作？”“你参与过建造附近哪片小区？”等，而没有提关于汽车展销的任何话题。几个问题下来，他和这位建筑工人成了无话不谈的好朋友，建筑工人不但非常信赖地把挑选汽车的任务交给了他，而且还介绍他和自己的同事们认识，使吉拉德获得了更多的销售汽车的机会。

从这个故事可以看出，“套近乎”的作用是如此之大。那么，为什么有的人套了近乎，反而适得其反呢？首先一个原因是你套近乎的功利目的过于明显。跟不太熟悉的人一见面，就三句话不离本行，絮叨的都是你熟悉而他不懂的内容，把对方忽悠得晕头转向，最后归结为一句话：您能不能成为我的顾客。这样的套近乎无疑是失败的。作为顾客，他在和你接触之前是有戒备心理的，唯恐上当。你这一番长篇大论，让他更警觉了，使他更捂紧自己的钱包。

第二个原因是你过于急功近利，大家见了面，先套近乎，接着就推销你的产品，这样做会让人觉得你是有目的的，是为了利用对方才与对方交往。其实，套近乎是拓展人脉的第一步，人脉需要慢慢培养，初次见面就向对方提出要求，会让对方很尴尬，对方如果不买你的账就会令你很尴尬。即使对方不情愿地买了你的商品，以后也会对你避而远之。这样不仅得不到长久的客户，而且会失去一个朋友，何必呢？最后，套近乎的时候要注意自己的礼仪风度，对在场的人一样看待，充满自信，举止恰当，别给人巴结讨好的感觉。

曾有这样一幕引起众人的思考。在商场的家电柜台前，一个老头、一个白领、一个穿制服的工人，同在买电视。促销小姐客气地跟白领讲解、推销高端电视，而将另外两位晾在一边爱答不理。

一会儿，三个人一起走了，那个白领一边走一边对老头说："老师，电视型号选好了，咱到别的店里去买，一看她那瞧不起人的样子，我就想吐！"旁边那个工人也苦笑着说："人家对你多礼貌啊，对我都不理睬，还是当老板有面子。帮老师买个电视也要受这样的闲气，我以后再也不到这里买东西了！"

原来，这是两个学生在帮老师买电器，真正的顾客是那位老头。可这位促销小姐呢，竟然戴着有色眼镜看人，结果使这桩生意泡汤了。她失去的，仅仅是一单生意吗？还有他们身后更大的商机。而她得到的，是三个顾客对她近乎势利的"套近乎"方式的厌烦。

古往今来，套近乎都是社会交往的重要手段，要经营人脉，就离不开恰当得体的套近乎。套近乎的原则就是要把话说到对方的心里，让人感到你很真诚。而不是把对方拉到自己的"套"里来，趁机得利。所以，对这个"套"字最好的解释是人际关系网上打的"结"，打了结，网络才会结实、实用。

只有用诚挚的心与人交往，以真诚的态度同人“套近乎”，才不会弄巧成拙、遭人唾弃。坦然而大方地与人“套近乎”不仅令人备感亲切，而且可以消除对方的戒备心理，拉近彼此的心理距离，让人心情舒畅，精神放松。对方在良好的心理状态下会加深对你的印象，对你产生好感，愿意与你合作，乐意向你伸出援助之手。

在令毕业生忙碌而心焦的八月份，被高校录取的钱晓云因有事不在家里，父亲帮她去学校拿通知书，由于来得早，学校工作人员还没有上班，钱大叔就站在门口的大树下耐心等待。这时保卫科的一位老科长也百无聊赖地坐在值勤岗位上东张西望。钱大叔走上前主动打了声招呼，两个年龄相仿的中年人就开始攀谈起来，当这个老科长得知眼前这个人也姓钱时就笑呵呵地说：“我们同姓，没准百十年前是一家呢”，两个人越聊越亲切。当钱大叔得知女儿转团关系的手续暂时办不了的时候，就和刚刚结识的同姓朋友说起来了，那老科长非常客气地说：“把这个学生的信息留下来，我帮着办理，办好了，给你打电话，你过来取就可以了”。

钱大叔在家等了两天后接到老科长的电话，他到学校将办好的手续取回来了。从此，钱大叔就经常将家里的蔬菜瓜果送到老科长那里，老科长也常常送给钱大叔一些稀罕的礼物。当他和老伴说起这个朋友的时候，老伴笑着说：“套套近乎还套出一个朋友来，看来套近乎也很有用”。

在销售领域套近乎更重要，甚至可以说套近乎能力的高低决定一个人的工作水平。不会套近乎的人是很难在工作上取得突出成绩的。同样的产品让不同的人去销售，业绩上的差距会很大，主要在于人与人打交道的能力有区别，积累的人脉不同。

在某医疗器械公司销售人员黄菊的业绩引起了领导的关注，因为这个员工过去从来没有从事过医疗器械的销售，并且是刚来不久的新手，在他工作后的第二个月竟然一跃成为公司销售业绩的第二名，与第一名仅有点滴之差。部门经理让他与大家分享销售经验，他讲述了自己的销售历程，并总结为一句话：做销售业务的嘴不能懒、手不能懒、腿不能懒，大脑转动再快点，工作就 OK 了。

原来，黄菊了解了治疗椅的作用特点后，就经常在小区人多的地方与老太太们聊天。有一个老太太很喜欢国画，而国画也是黄菊的业余爱好，他们谈论齐白石、张大千，谈论山水画、花鸟画，谈得高兴的时候，黄菊就会不失时机地说："画画是一件很费心思的活儿，由于太投入，虽然画完后心里很高兴，但身体会有点累。"老太太颇有感触地说："是啊，是啊！要是心里愉悦，身体也很轻松的话，那就好了！"黄菊说："现代科技这么发达，您说的也未必不可能啊！"老太太高兴地问："你有什么好建议吗？"黄菊就把治疗椅的好处耐心说给老太太听，老太太有点迟疑，黄菊很随意地告诉老太太说，这样吧，我家有一台同样的，您可以试一下，感觉不合适呢，您就不必去买了。老太太使用了几天后觉得黄菊没有骗她就买了一台。老太太使用之后感觉效果良好，服务也周到，就发动她的朋友到黄菊那里购买。于是一批老头老太太找到黄菊要买同样的治疗椅。黄菊的销售额一下子就上升了许多。

就是因为一番话，黄菊与潜在客户套了一下近乎，就打开了销售产品的突破口，从此一发不可收拾。黄菊凭着自己的热心和真诚使自己的客户群越来越大，逐渐成为业务中的第一名，并且销售业绩保持稳定中有提升，他成功的秘诀就是"套近乎"。

生活总是公平的，不付出永远没有回报，只有努力去做才能争取到自己想要的东西。一个人不开口、不动手，总想着事不关己高高挂起，也就不会从与人交往中取得成功的机会。所以没事与人聊聊天，有针对性地套套近乎是很有必要的。

温馨小贴士

套近乎是拉近彼此之间距离的一种手段，彼此之间的距离拉近了，交谈就不那么拘束了，请求别人帮助自己办事也就好说话了。套近乎是增加自己人脉的有效途径，通过套近乎陌生人也能成为朋友。在生活中有些人羞于表达，不好意思与别人套近乎，其实套近乎并不是那么难的事情，只是随意聊聊天寻找一些共同点而已。只要有了共同感兴趣的话题，彼此之间的心理戒备就放松了。套近乎能反映出一个人的社交能力，能促进人脉网络的巩固。

说话含蓄给自己留有余地

我们与人交谈要懂得迂回，不要因为太绝对而跳进自己设置的死胡同中去。换句话说就是：说话要含蓄，打破“非此即彼”的固定模式。

所谓含蓄，就是不要一泻无遗、不要节外生枝、不要累赘琐碎，要有剪裁，要给听者留有思考的余地。在交谈或辩论中，不把本意直接说出来，而是采取曲折隐晦的方式表示本意，带有谜语特色的一种语言表达方法。

人与人有很多不同之处，生活中难免会遇到不便于直接言明的场合和事情，这就要求我们说话要含蓄一点、曲折一点，让对方思考后自己悟出。

有一个第二次世界大战后发生的故事。一位记者问萧伯纳：“当今世界上你最崇拜的是什么人？”萧伯纳答道：“要我说我所推崇的一个人，首先是斯大林先生，是他拯救了世界文明。”记者接着问：“那么第二个人呢？”萧伯纳回答：“我所崇敬的第二个人是爱因斯坦先生。因为他发明了相对论，把科学推向一个新的世界，为我们开辟了无限广阔的前景，他对人类的贡献是不可估量的。”记者又问：“世界上是否还有阁下崇拜的第三个人呢？”萧伯纳微笑着说：“至于第三个人嘛，为了谦虚起见，请恕我不直接说出他的名字。”记者被萧伯纳的话引得大笑起来，频频点头欣然离去。这就是含蓄所发挥的效用。

学会含蓄表达，在生活中你定会受益无穷。特别是对别人表达批评的时候含蓄的言辞会起到意想不到的效果。

有一位棉纺厂的经理，一天午休时，看到几个工人正在抽烟，而他们头上正好有一块大牌，上面清楚地写着：“严禁吸烟。”这位经理并没有指着牌子对违反规定的工人进行斥责，而是走上前去，友好地递给他们几根香烟，说：“诸位，如果你们能够到外面抽掉这些烟，那我真是感激不尽了。”大家一听，想到自己违反了厂里规定，个个都红了脸，将烟熄灭了。

这位经理的批评是含蓄的，充满了人情味，使员工们避免了难堪，所以大家欣然接受了。由于心中信服，日后也定会积极配合经理的工作，对经理的事业成功和人脉积累大有帮助。

建国初期也有个含蓄表达的典例，一位厂长通过自己的含蓄言辞留住了工人，拯救了一个濒临倒闭的工厂。

大港油田某工厂曾经有一批“请调大军”，对此，新厂长并没有大惊小怪，更没有埋怨指责，面对几百人的“请调大军”，他发出肺腑之言：“咱们厂是有很多困难，我也发怵，但领导让我来，我想试一试，希望大家给我半年时间，如果半年后咱厂还没有起色，我辞职，咱们一块走。”然而，这位新厂长表露出的热情使大家相信他不光是抱着试试看的态度。人们从他那入情入理、心地坦荡的语言中感到了力量，看到了希望。这个工厂的员工们像是都吃了定心丸，大家的情绪逐渐平静下来，一心要干下去的人增强了信心，失去了信心的人振作了精神。模糊语言在这里发挥了神奇的作用。

1949年国共谈判时，毛泽东分别接见国民党政府代表，当刘斐和毛泽东谈起共同关心的问题时，表现出对和谈前景尚有怀疑，就试着问毛泽东：“你会打麻将吗？”

“晓得些，晓得些。”毛泽东回答说。“您爱打清一色呢，还是喜欢打平和？”

“平和，只要平和就好了。”毛泽东听出了刘斐话中有话，笑着回答道。

在这里，我们听到了一系列的模糊语言，一语双关，含不尽之意于言外，在这种特殊场合，成了沟通思想而又不致引起矛盾的特殊方法。我们在外交事务中，常常用“在适当的时候访问贵国”来回答国外的邀请，“适当的时候”就是模糊语言，它既彬彬有礼、十分中肯，又给我们自己创造了一个宽松的环境。试想若用“不打算去”或“马上就去”或“某月某日去”很肯定的语言来回答，其效果都不会太理想。这就是我们通常所说的“弹性外交”的很好运用。

说话含蓄往往能够达到留有余地的效果。因为含蓄语言经过成熟的思考，不直露，从而起到掩藏锋芒的作用。

含蓄是一种相当好的语言风格，是曲径通幽的说话方式。含蓄又称委婉，意在说甲，用乙做代言物，通过修辞法，再加上相应的处理，不直说甲，但听者心知肚明是在表达甲的意思，这样会在交际中形成微妙的效果。含蓄的语言，会让说话和听话者适时避开尴尬和伤害。还可以辅以相应的神态和动作等，达到“意会”的目的。

但含蓄不是万能的策略，必须注意时间、地点、人物。否则会让听话者误解或不能真正理解。用含蓄的方式说话，可以避开易激化的矛盾，减少不必要的麻烦，既维护对方尊严，又树立自我形象。

含蓄可以在特殊场合表达特殊的含义。培根曾说：“交谈时的含蓄得体，比口若悬河更可贵。”因为含蓄的话给听者以更多思考，让说者拥有更多的余地。

我们还可以借助含蓄来实现自己的一些小愿望。当你不清楚某些要求、愿望直接说出来会不会得到别人的同情和支持，或者担心直接提出某些要求有失风度、有失体面时，借助含蓄语言可以帮助你维护尊严、避免尴尬。当你发现自己的朋友或上司、长辈的行为出现失误时，借助含蓄的语言可以起到引导作用。

含蓄之所以有这些作用就是因为含蓄不是晦涩含混。含蓄的目的是让对方听出“言外之意”“弦外之音”，从而达到交际的目的。如果将含蓄理解为闪烁其词、躲躲闪闪就与含蓄的本意大相径庭了。

当然在非常熟悉的朋友之间要直率一些，如果过分使用含蓄则会显得虚伪、圆滑，令人反感。

有见地、有头脑的人会恰如其分地运用含蓄，不急于表达自己的观点，也不会把话说得太死，而是将要表达的内容用最贴切的语言构思好，然后说出来，既能表明自己的观点，又给自己留下回旋余地，一旦事情出现了变故，不会陷入无路可走的绝境。

温馨小贴士

说话含蓄的人可以避免很多因为话语而招致的错误，因为慢半拍，有时间整理自己的思路，所以可以降低出错的概率。说话含蓄的总能够照顾别人的面子，能够赢得别人的好感，所以这类人一般都有好人缘。说话含蓄的人显得有深度、有教养，他们不随便表露自己，但话中有话，让人们在听话的过程中领会说话人真实的意思。为此我们不要在说话方面犯太直露的毛病，否则不仅显得自己没水准，也显得别人太弱智。适当含蓄，对方不仅能够领会你的意思而且还会感觉到你的高明之处。

第四章
分享让你的圈子更大

一个人的人脉圈子是分为不同层次的，一般可分为三层：最近的圈子是亲情圈子，这是父母传给我们的，最具有稳定性；中间的圈子是我们经常接触的邻居、同学、同事等，关系相对稳定；最外的圈子是广泛的社会交际，其中有好多是一面之交，这是个动态的圈子，圈子的大小取决于自己的人生态度。只有与人共同分享自己的圈子，才能不断吸取别人的人脉资源，在相互交流中让彼此的圈子更大。

相互分享人脉网络

让人脉网络无限扩大的最好方法就是让人脉资源有效流通，而与别人交换或分享自己的人脉资源是必不可少的。互得其利的分享，就能够让彼此的人脉网络迅速链接。因此可以这样说，学会分享、懂得分享绝对是令人脉网络拓展的好手段。

有位女士，一直被心脏病和过度肥胖困扰，后来竟成了一个标准的营养顾问，她对每一种食物的卡路里、胆固醇和脂肪的含量知道得一清二楚。虽然她的正职是职业顾问，而且还做得相当出色，但是如果有个胖人向她咨询房地产业问题的时候，她却更乐于找机会告诉对方如何榨出体内不必要的油脂，不难想象，这也是她将“职业顾问”这份工作做得成功的辅助原因之一。

所以，在任何情况下都不要忘记与人分享的重要性。因为，当两个人交换一块钱时，每个人仍然只有一块钱；而当两个人交换彼此的人脉网络时，他们各自的人脉网络就成倍扩大。

扩展人际关系最有效的方法就是与别人交换人脉资源。在美国就有这样一对母子，借助分享的力量达到了成功的彼岸。母亲玛丽是保险推销员，儿子保罗是汽车推销员。

有一次，保罗向一位文化界的名人詹姆斯成功地推销了一辆汽车。而在一星期之后，这位名人突然接到了一个陌生的来电：“詹姆斯先生，您好！我是保罗的母亲，感谢您一个星期之前从我儿子那里买了一辆汽车，今天冒昧地打搅您，是想通知您明天如果有时间的话可以开车到车行进行检查。”詹姆斯作为名人平时都很忙，所以这位母亲想借这位名人去车行的机会请他吃饭。因为如果直接发出邀请，多半会遭到拒绝。

第二天，这位名人如约而至，检查完车况已近中午，于是这位母亲对他说："詹姆斯先生，为了感谢您对我儿子的支持，我想请您吃顿便饭，同时也希望能够跟您聊一聊如何才能更好地维护您的爱车。我想您不会拒绝一个做母亲的请求吧。"这位名人见盛情难却，便接受了她的请求。

这位母亲在诚恳地向名人讲述完保养汽车的一些细节后，接着说："我相信像您这般成功的人士，一定非常注意生活的品质，所以我认为您一定需要一份完善的健康保障计划。您帮助了我的儿子，您也一定愿意帮助我，我这里正好有一份为您专门量身定做的保险计划书，请您花点时间看一下。"名人难以拒绝母亲的盛情，不得不接过保单。

几天内，这位母亲不断地给名人打电话，终于签下了这张保单。而她的儿子也同样以这样的方式向母亲的保险客户推销了许多辆汽车。

现在，你静下来仔细想一想：上回朋友要你推荐咖啡屋、理发师、蛋糕店、平价商场，是什么时候的事？而上回朋友推荐给你的图书、杂志、电影又是在什么时候？如果当时你没有足够重视的话，那么从现在起，多与别人分享一些也是来得及的。

你的人脉网络是没有限制的，不要从主观上将其局限于你所接触到或者认识到的人。其实他们还包括你所有的亲戚、朋友、生意伙伴以及其他所接触到的人。

随时同他人交换分享，你所得到的一定会多于你所付出的，所以不要怕别人分享了你的某些东西，你只要能够换一种思考的方式，必然就能够理解其中的奥妙了，这就好像是同样面对一幅画的两种解释一样。

有一位北方商人到南方一个城镇去洽谈买卖，临回来的时候想到朋友的生日到了，于是准备买个礼物带回去为他祝贺。

可是他的朋友是一个很有学问的人，而他不过是一个经商者，没什么欣赏能力，他觉得自己此次应该带一件有品位的礼物送给朋友，那样也能显得自己很高雅。

于是，商人来到镇上一家很有名气的画店，见到了一位颇有艺术造诣的老人。老人和这位商人谈得很投机并现场作了一幅牡丹图让商人带了回去。

没几天，商人带着牡丹图满心欢喜地参加了朋友的生日聚会，并且当场将之展示出来，所有人看了，无不赞叹这幅活灵活现的画作。商人给大家介绍了自己遇见的那位老画家。

当商人正在为自己送的贺礼得到赞赏而高兴的时候，忽听有人惊讶地说：“呀，大家快看，牡丹花最上面的那朵，竟然没有画完整”。他还担心朋友会因此而不高兴。没想到，其中一位朋友却站出来说了这样一番话：“各位都看到了，最上面的这朵牡丹花，没有画完它该有的边缘，牡丹代表富贵，而是说主人的富贵‘无边’”。他拱手转向主人说道：“其实他是在庆贺您‘富贵无边’啊！”主人听到这番解释也非常高兴。

这位朋友替商人摆脱了尴尬的境地，自此之后，两个人也成了要好的朋友。事后商人带这位朋友去见那位老画家，并得到一副上好的国画，三个人都成了朋友。

这就是分享人际关系的好处。所以不要担心你介绍了一个律师给你的朋友，那么他们之间的良好关系会使你失去一个法律援助的帮手，恰恰相反，当你与人分享的时候，你的朋友也许就会在另外一个领域带你结识到更多的人，从而你的人脉力量也就在不经意间强大了。

还有一个大家常听到的故事。豆豆和滔滔在帮助果农伯伯劳动的时候各自分到六个梨子，他们两个一起回到班里。豆豆觉得这是自己的劳动果实，所以要留着自己慢慢享用；滔滔看着伙伴们投来羡慕的目光，就把自己的梨子分给了伙伴们。豆豆一个人很寂寞地在自己的座位上吃梨子，滔滔和伙伴们聚在一起一边吃一边乐。第二天好多小伙伴都带来了水果，滔滔分到了苹果、橘子、橙子、梨子、桃子等不同的水果，而豆豆却依然独自吃着昨天留下来的梨子。

从这个小故事中就可以看出，分享对人来说是多么重要。滔滔懂得与人分享不仅收获了快乐还得到各种不同的水果，并且促进了与小伙伴的友谊。而豆豆不懂得与人分享，只能孤独地吃着自己的梨子。所以从小培养与人分享的意识不仅有利于孩子的健康成长而且对以后的人生有着深远影响。

与别人分享自己的拥有就可以获得更多，这里包括精神和物质上的分享也包括人脉资源的分享，与别人分享自己的人脉资源更能使自己受益匪浅。

不过，在分享和交换彼此的人脉时需要遵循两个基本原则：首先，分享人脉网络的人必须和你拥有对等的人脉交流关系；其次，你必须信任与你分享的对象，因为他们在与你的人脉网络互动时，会间接反映出你的为人，所以并不是所有的人都能够与之分享。

在与人分享中，你要注意自己的网络中有谁有兴趣去认识更多的人。不过有一点必须要提醒你，无论你与任何人分享，都绝对不能让他拥有你完整的网络清单。这也是一种自我保护的方法，因为人毕竟是很复杂的。

温馨小贴士

俗话说："独木不成林，三木方为森。"只有在与别人分享人脉中不断扩大自己的人脉资源网才可以使自己的人脉力量不断加强。与别人分享自己的人脉资源是扩展自己人脉网络的快捷途径，也是将人脉资源转化为有效人脉的方式。只有让自己掌握的人脉资源变成促进你事业向前发展的真实力量，积累人脉所花费的工夫才没有白费。在与人分享的过程中，你的人脉资源为别人所用，当自己需要帮助的时候，别人也会运用他们的人脉为你解决难题。

不断拓宽自己的社交圈

一个人的交际范围应该随着时间的增长、阅历的加深而逐渐扩大，但有些人却始终保持着不变的社交圈子，只和熟悉的几个朋友往来。还有一些人不但不能保持原有的交际范围，而且圈子越来越小，人生路越走越窄。有一首歌中唱到："结识新朋友不忘老朋友，多少新朋友变成老朋友，让我们永远是朋友"这句话说得很好，只有这样才能使自己的人脉网络不断延伸。

要想使自己的人脉力量不断壮大就应该做到两方面：一边巩固手中掌握的朋友资源，在节假日或朋友的生日及时发送自己对朋友的祝福。一边为自己的社交圈子不断注入新的元素，将陌生的朋友转化为自己的有效人脉。长此以往，社交圈子就会逐渐扩大起来。

人脉网络需要耐心编织细心打理，也需要定时检查，如果出现了漏洞就要及时进行修复。当然，经营人脉忌讳呆在小圈子里走不出来。

要想走出小圈子，其实不难，那就是与陌生人分享你的人脉网络。一位知名的心理学家菲尔德之所以能够交友广阔，正是因为他擅长与陌生人亲近的缘故。

菲尔德口中总是挂着一句名言："最好的朋友都是来自陌生人"，而他本身就是最有说服力的实践者。菲尔德在一次孤身旅途中，遇到了一位看起来很孤傲的男士正坐在公园的长椅上读一本某位作家新出版的著作。菲尔德十分喜爱这位作家的写作风格,所以他觉得眼前这位男士或许能够成为他的朋友。于是菲尔德坐在男士的身旁,微笑着说:“您好,这位作家的名作昨天刚刚出版,我跑了几家书店都没有买到,您是在哪里得到的?”男士抬头看了菲尔德一眼,很礼貌地回答说:“这位作家是我的朋友,出版后自然会送我一本先饱眼福了。”“呵呵,您能够与这样一位优秀的作者成为朋友,相信您本身一定是位文学爱好者了,我个人十分喜爱他的著作,希望能够有机会与您探讨。”男士微微一笑:“他在写作风格上与我迥然不同,不过,即便有些时候我们为了某些书籍的细节吵得面红耳赤,都不会影响我们的关系,这样对于我们来说是一个学习和进步的机会,不是吗?”“是的,当你们再有这样的学习机会时,能否让我也成为其中的一员呢?我的朋友也有很多就职于出版界,相信他们都会喜爱参与这样的交流。”

两个人越聊越投机,菲尔德不但认识了一个新朋友,并且他知道,这个朋友的人脉网络是能够与自己分享的。因此,菲尔德建议人们,一定要勇敢地走出自己舒适的小圈子,不断拓展人脉,这意味着有更多的机会。

与陌生人结识要掌握一定的技巧,这样可以使得交流更自然流畅。如果对陌生的社交场合胆怯就会在与人交往中心存障碍。你或许有很多机会参加各种社交聚会,比如朋友的婚庆宴会、联谊会、团体旅游、狂欢派对等。在这些对于你来说比较陌生的场合下,千万别因为害羞而胆怯,否则因为你的不敢搭讪,会让你损失结交新朋友的大好机会。

你可以试想一下,你是一个象棋爱好者,特别想得到一个高手的指教,在火车上正好遇到两个人在下棋,从谈话中得知其中一个就是大名鼎鼎的象棋大师,你逢着这样的好机会心里非常高兴,如果你羞于与人搭讪就错过了同大师交流的机会,也失去了成长进步的好时机。一旦错过了,再想去寻找,就难如登天了。有句话说：机会永远留给有准备的人，但准备分为两种情况，一种是心理上的，一种是行动上的。首先，在心理上要有足够的重视，寻找并捕捉一切可以抓住的机会。捕捉机会就需要行动，如果能够抓住机会也许就可以改变一生的命运。

我们跟朋友之间之所以可以维持互动关系，是因为我们各自有可交换的东西，而且透过交换弥补各自的需要，对双方都有意义。要想获得朋友人际圈里的资源，就要舍得奉献你自己圈内的资源。这既是开发人脉资源的一条重要法则，也是交朋友的一种手段。

有一位留学美国的计算机博士，在辛苦了好几年后，总算学成归国。可是回国后一直找不到顺心的工作，以至于生计都成了问题。他冥思苦想，想尽快找到一份工作。这天，他突然想到多年前的一个朋友，就打电话把这位朋友约了出来，并连连请朋友吃饭，出游，经过重温友情后，他向朋友倾诉了自己找不到工作的苦恼。朋友听后笑着说，"像你这样的学问还找不到工作啊？我弟弟在市劳动局上班，我介绍你们认识，保证明天就可以进入大公司施展你的才能，你就放心吧，我马上给他打电话。"没过几天，这位苦于找工作的高才生就找了一份不错的工作。

通过朋友的介绍结识新的朋友，就如同滚雪球一样使自己的人脉网逐渐壮大。每个人的人际关系网络都是不同的，不同的目标，不同的理想需要不同的人际关系网络支持，人际关系网络没有最好的，只有最合适的。如果你想成为技术专家，那么你就要在结交专业朋友上面多下工夫，这些专家朋友不但可以在专业技术方面帮助你，而且可以把你带入这一领域的圈子中。

张勇和柳军同在某公司做销售工作。一天公司分下任务，让他们二人在一个月内各自把公司里的新产品推销出三分之一。虽说张勇是个老练的推销员，但一个新产品要想很快出售这么多也是不容易的，时间一晃半个月过去了，这些产品仍旧像小山一样堆在自己的办公室，他左思右想也想不出好的办法，想想这些年的朋友们，也不知在什么地方，做什么样的工作，真是愁得他吃不好睡不着。

而柳军虽说刚来没多久，但他的工作却进展得非常顺利，接到任务不到一周，就完成了自己任务的百分之二十。因为柳军平时喜欢结交不同阶层的朋友，他经常利用空闲时间和这些朋友吃吃饭、聊聊天。所以，他和朋友的关系处得都很好，在他有困难时，朋友们都乐于帮忙，有的帮他联系小的批发商，有的干脆自己向外推销，所以不到一个月的时间，柳军的任务就完成了。当然，为了感谢朋友的帮忙，他把大家聚在一起去唱歌，又加深了彼此的友谊。

而张勇呢，到月底还有百分之十五的任务没有完成，结果可想而知，只有接受批评了。

所以，靠个人力量求发展是很有限的，多交朋友，会使自己的发展充满后劲。拥有高效能的朋友是获得成功的重要条件，诚挚的友谊是抚平伤痕的良药，更是带来温暖的源泉，巧用朋友的社会关系，是求人办事的有机纽带，是成功不可缺少的条件。广结人际关系，拓展交际圈子，必然获得丰厚的回报。

温馨小贴士

每个人的社交圈子并非一成不变的。如果不用心经营，原来的圈子就会不断缩小，倘若能努力为自己的社交圈子补充新元素，让它不断扩展就可以逐渐扩大自己的人脉圈子。拓宽社交圈子要付诸行动，积极参与各种社交活动，敢于同陌生的潜在人脉进行友好沟通，让一切可能成为自己有效人脉的人真正成为自己的朋友。

将心比心成“脉客”

大家多有这样一种心理：你敬我一尺，我敬你一丈。要想扩展自己的交际范围，首先要学会尊重别人，大家将心比心，一定可以经营好自己的人脉。

现在社会上流行一个词“脉客”，它是由英语单词 mankeep 音译而来的，我们将其译为“人脉经营”。善于使用人脉、经营人脉的人就是脉客。

随着人脉资源越来越重要，脉客成了社会的中流砥柱，他们在事业上大展身手，在生活中扬眉吐气，为此成为一个左右逢源的脉客成了人们追求的目标。

然而，不是拥有了人脉就万事大吉了，你还需要经营维护，让别人能够在你需要的时候帮上一把。其中重要的一条原则就是将心比心，换位思考。

人与人的沟通需要聆听，聆听是沟通的最高境界。听者要理解说话者的思维模式和感受。要做到知己知彼，首先要去了解对方。若能培养将心比心倾听的技巧，以品德值得信赖为原则，以充实的感情账户为根本，有效的人际沟通便在掌握之中了。将心比心的出发点是为了理解而非回应，也就是透过言谈明了一个人的观念，感受其内心世界。

俗话说：良言一句三冬暖，恶语伤人六月寒。我们将温暖与爱施与别人，就会得到别人回赠的温暖与爱心，下面这个故事就说明了这一道理。

一个村子里有两户人家，村东头的王家一家人相互敌视，家庭气氛非常压抑；西边的李家却一团和气，个个心平气和，一家人和和睦睦。有一天，王家的户长受不了家庭的战火，于是前往李家来请教。老王问："你们为什么能让家里保持愉快的气氛呢？"老李回答："因为我们家的人常做错事。"

老王正感到疑惑不解时，忽见老李的媳妇匆匆由外归来，走进大厅时不慎跌了一跤，正在拖地的婆婆立刻跑了过去，扶起她说："都是我的错，把地擦得太湿了！"站在大门口的儿子，也跟着进来懊恼地说："都是我的错，没告诉你大厅里正在擦地，害你跌倒！"被扶起来的媳妇则愧疚自责地说："不，不，是我的错，是我太不小心了！"

前来请教的老王看到了这些，茅塞顿开，他知道这其中的原因了。

如果一开始，拖地的婆婆就责怪跌倒的媳妇："你慌里慌张地干吗呢？真笨！"其他家人若也不理会媳妇的感受而轰然大笑，那么李家还会有温馨和睦的气氛吗？

将心比心，以自己的真心，才能换得他人的真意。大到社会，小到团体、家庭，都会因为真心和宽容而更加和谐，关系和谐，人脉自然就通畅了。

美国人山姆常抱怨自己的妻子总是花太多的时间在他们家的草坪上，因为他觉得即使一周修剪两次，草地也和他们当初搬进来的时候差别不大。山姆每次在妻子修剪完草坪后都会这么说，让妻子感到不高兴，破坏原来的和睦气氛。

后来山姆意识到需要站在对方的角度来思考，明白了自己的问题出在哪里，以前他从来就没有想过妻子辛苦地修剪草坪，是渴望她的劳动能得到别人的称赞。

后来，当山姆的妻子再去修剪草坪的时候，山姆主动提出要陪妻子一起修剪。妻子看到丈夫主动要求陪自己，非常高兴，两个人就在愉快的氛围下一起修剪了院子里的草坪。

从那以后，山姆就经常和妻子一起修剪草坪，不仅如此，他还经常夸妻子勤快，说妻子很能干，能把院子里的草坪修剪得跟水泥地一样平。虽然山姆的夸奖可能有些夸张，但是夫妻之间的感情却得到了明显的改善，这是因为山姆将心比心，学会了为别人着想。

将心比心，宽以待人，不但让周围的人感觉舒服，也会令自己心情舒畅、快乐，自然经营好了人际关系。

如果大家在说话做事的时候总能为别人想一想，想一想这样对别人有什么影响；别人是不是有这种要求；这样做别人会有怎样的感受，那么，很多问题就不会发生了。

人与人之间是这样的："越走越亲，日久生疏"。一段时间不接触，就会产生陌生感、疏离感，甚至无端的隔阂。但当我们接近、沟通之后，就会发现彼此仍是老朋友。但人毕竟是人，每个人都有自己的缺点和长处，也有自己的苦衷。因此和别人交往时，应该多多体谅他人、信任他人，将心比心地为别人着想。

一个人若能从别人的观点来看事情，了解别人的心理活动，就永远不必为自己的人脉担心。所以我们要学会换位思考，学会为别人着想，站在别人的立场上考虑问题。这样，别人会同样为你着想，乐于接受你，日常生活中的摩擦和冲突就会减少很多，人与人之间的关系也会变得更加融洽，你的人脉资源也就更加稳固，你成功路上的障碍也会越来越少，你的成功之路会变得更加平坦。

一个人如果只站在自己的角度看问题，从不考虑别人的感受，只凭自己的喜好来做事，而不顾及他人的利益，那样就永远交不到知心的朋友，不能获得长久的人脉。如果对别人的事情感兴趣，乐意对别人付出爱心，就会形成一种吸引力，就能吸引周围的人与其成朋友，原来的相斥就变成了相吸，薄弱的人脉就会逐渐得到改善，到一定时候就会拥有一张令人羡慕的人脉大网。

温馨小贴士

要想成为脉客就要掌握大量人脉资源，要善于经营人际关系。作为脉客一定要做到将心比心，换位思考，只有学会站在别人的立场上考虑问题才能赢得别人的信任，如果一味按照自己的想法去做事定会遭到别人的反对。“将心比心”和“己所不欲勿施于人”一样，是宽大为怀、善解人意的生活态度，抱有这种生活态度的人很容易聚集人气，从而成为脉客。

让和你交往过的朋友肯定你

在与人交往中能得到别人的肯定是建立人脉资源网络的基础。放低姿态，赢得别人的好感则是得到别人肯定的基础。放低姿态不是说低声下气、奉承谄媚。说话时放低姿态是一种艺术，特别是当对话的双方地位悬殊时，地位高者采用适当的低姿态会满足地位低者的自尊心需求，这样的交谈方式会受到对方的欢迎。

在印度，提起软件业大亨阿兹姆·普雷姆吉，几乎无人不知，他的财富价值60亿英镑，被称为印度的比尔·盖茨。他居住在班加罗尔，他所拥有的不过是一辆破旧的福特汽车，而且他觉得再也没有什么比开车到附近的一个小山丘上进行徒步旅行更让他喜欢的了。

在印度国内旅行时，他坚持与手下的工作人员一起坐经济舱。他解释说："我们没有什么区别，这样会使自己接近客观实际，我认为有太多的CEO失去了对客观事实的敏感，他们生活在一个不同的世界里，怎么能接近实际情况呢？"普雷姆吉把与部下打成一片看成是避免脱离实际的一种手段，这也是他为人低调的体现。

放低你的姿态，可以让你更好地看清脚下的路，让你走得更踏实稳健。也可以让你在走好人生路的过程中积累人际关系，编织人脉网络。

美国有位总统，在庆祝自己连任时开放白宫，与一百多位小朋友亲切"会谈"。

“您小时候哪一门功课最糟糕，是不是也挨老师的批评？”小约翰问总统。“我的品德课不怎么好，因为我特别爱讲话，常常干扰别人学习。老师当然要经常批评的。”总统告诉他说。总统的回答，使现场气氛活跃起来。

有一位叫玛丽的女孩，来自芝加哥的贫民区，她对总统说，她每天上学都很害怕，害怕路上遇见坏人。

此时，总统收起笑容，严肃地说：“我知道现在小朋友过的日子不是特别如意，因为有关毒品、枪支、绑架的问题，政府处理得不理想，我希望你好好学习，将来有机会参加到国家正义事业当中。也只有我们联合起来和坏人作斗争，我们的生活才会更美好。”

这位总统紧紧抓住了小朋友的心，使小朋友认为总统和他们是好朋友，即使场外的大人们看到这样的对话场面，也会感到总统是一个亲切的人。

总统告诉小朋友们，自己的过去和他们一样，也常被老师批评，但只要努力，就会成长为有用的人。总统不仅认同小朋友对社会治安的担心，还鼓励小朋友参与正义事业，因为只有这样正义者的力量才能更强大。

总统放低姿态的谈话方式使小朋友们感觉，总统和他们之间没有距离，也像他们一样是普通人，是可亲近的、可以信赖的“大朋友”。

大人物和普通人说话时放低姿态，不仅拉近了双方的距离，而且容易沟通，容易让对方从心理上接受自己。

在职场上处于优势地位自然是可喜的事，但如果别人一奉承，你就陶醉而喜形于色，就会加强别人的忌妒心理。所以，面对同事的赞许恭贺，应谦和、有礼，这样不仅能显出自己的君子风度，淡化同事对你的忌妒心理，还能博得同事对你的敬佩。下面这个故事就能说明虚心谦恭的好处。

“李双阳，毕业才一年多就被提升为业务经理，真不错，前途无量！祝贺你啊！”在其他单位工作的周子浩十分钦佩地说。“哪里，哪里，老朋友抬举我了，其实我没什么值得夸奖的地方，主要是这里人际关系很融洽，领导和同事们对我很照顾。”小李见同一年大学毕业的白家辉在办公室，便压抑住内心的欣喜，谦虚地回答。白家辉虽然也曾因李双阳被提拔而心里不是滋味，但见他这么谦虚，也就笑盈盈地主动招呼小李的朋友周子浩：“请坐下来，慢慢聊！”

不难想象，李双阳此时如果说“凭我的水平和能力早可以提拔了”之类的话，那么白家辉不忌妒才怪呢。

在办公室里，言谈中多一些谦虚的话，就能有效减弱同事们的忌妒心理。下面举一个反例来说明遭人反对，引起众怒的严重后果。

钱金贵是一个业务员，他的销售技能和业务关系都非常好，因此他的业绩在全公司是最好的。但是取得成绩以后，他就开始对别人指手画脚了，尤其是对那些客服人员。

本来这些客服人员非常支持钱金贵的工作，只要是他的客户打来的电话，客服人员会马上进行售后服务。但是由于小钱动辄就说“是我给了你们饭碗，没有我你们都要饿死”这样的话，要不然就说这些客服人员服务不好，他的客户向他投诉等。客服人员表面上对他唯唯诺诺，但是却通过行动来与他对抗。

后来，凡是钱金贵的客户打来的电话，客服人员都一拖再拖。最后，这些客户打电话给小钱，并把怒火发到他的身上。由于后续服务不到位，小钱的续单率非常低，原来的客户也都让其他业务员抢走了。

也许你确实很优秀，但是并不代表没你不行。也许你的贡献确实比团队其他成员大，但是你的成功也不能离开团队其他成员的配合。如果没有强大的团队作为支撑，你一个人不可能把工作做得那么好。所以，千万不要以为这个事情没有了你就不会成功，否则，你就会有骄矜之气。没有了其他同事与你的大力配合，恐怕你这个孤家寡人离失败也就不远了。

每个人都渴望被人肯定与重视，一旦你能够抓住这样的机会，那么对方自然愿意与你分享他的生活、他的感受，甚至是他的人脉网络了。要想得到别人的肯定首先要肯定别人，在与人交流的过程中要注意随时流露出肯定的态度，比如微笑致意、轻轻点头以示支持，或用赞许的口吻来表明你十分同意他的观点等，这样容易获得他人的好感，让你的人脉网更加坚固。

只有精于世事的人才能接纳异己、容许不同，给别人方便的同时也给了自己机会。只有扎实稳健的人才能进退自如，八面来风，走过人生旅途的重重障碍，给自己迎来胜利的曙光。行事低调，放下架子，不仅可以保护自己；融入人群，与人们和谐相处，也可以暗蓄力量，在不显山不露水中成就事业。若能在卑微时安贫乐道、豁达大度，在显赫时持盈若亏、不骄不狂，肯定能得到更多人的肯定，从而拓宽自己的人脉。

温馨小贴士

有些人总是让那些与他交往过的朋友对他念念不忘，他之所以具有如此魅力是因为他得到了朋友的肯定。人们都愿意同那些有德行的人往来，因为在与这些人往来中不会吃亏上当，也不用背负着沉重的压力。一个能够取得众多人肯定的人就是一个有威信的人，有了威信就能够形成人脉向心力，从而为自己的事业铺平道路。用自己的言行树立口碑，通过自己的努力取得别人的肯定，是有志者的最好选择。

人际交往的误区

朋友之间相互往来是建立在相互尊重、相互理解的基础上的。因为朋友志同道合、心灵息息相通，所以能够互帮互助。每个人都是一个水滴，走进朋友圈里就可以遇到好多小水滴，大家一同形成湍急的河流，从而有了奔腾的力量。但是，如果走进了人际交往的误区，不但不能享有朋友带来的帮助和快乐，而且会成为众矢之的。

朋友之间情趣相投、观点一致则相合相交，反之，则离则绝。朋友之间再熟悉、再亲密，也不能太随便，不讲客套，否则，默契和平衡将被打破，友好关系就不复存在。因此，对好朋友要客气有理，可以不强调自己的“面子”，但一定要给朋友面子。

和谐深沉的交往，需要以充沛的感情为纽带。好朋友之间讲究客套，并不是说在一切情况下都要固守不必要的烦琐礼仪，而是强调好友之间要相互尊重，不能跨越对方的禁区。

每个人都有自己的私人空间，朋友之间过于随便，就容易侵入这片禁区，从而引起隔阂冲突。比如，不问对方是否空闲、愿意与否，任意支配或占用对方的宝贵时间，一坐下来就滔滔不绝地高谈阔论，全然不顾对方的难处和不便；一味追问对方深藏心底不愿启齿的秘密，一味探听对方秘而不宣的私事；忘记了“人亲财不亲”的古训，忽视朋友是感情一体而不是经济一体的事实，花钱不计你我，用物不分彼此，凡此等等，都是不尊重朋友，侵犯干涉他人的坏现象。如果偶尔如此还可原谅，要是长久这样，必会导致朋友的疏远和厌倦。所以，好朋友之间应该有界线，恪守交友之道。

容易伤害朋友、放肆无理的做法有很多，我们平时与朋友交际一定要注意避免走进这些误区。

即使与朋友的关系十分融洽，无话不谈，也要注意说话的内容与语气，并站在朋友的立场考虑朋友的感受。

也许你的才学、相貌、家庭、前途等令人羡慕，高出朋友许多，但与朋友交谈时切忌大露锋芒、表现自己，也不要在言谈中流露优越感，那样会使朋友产生很强烈的失落感，认为你在居高临下与他说话，故意贬低他。朋友的自尊心受到挫伤，就会产生敬而远之的意念。所以，在与朋友交往时，要控制情绪，保持理智、态度谦逊，把自己放在与人平等的地位，注意时时想到对方的存在。

朋友之间最不注意的是对朋友的物品处理不慎，常以为“朋友之间何分彼此”，对朋友的物品，不经许可便擅自拿用，不加爱惜，有时迟还或不还。一次两次，尚可原谅，久而久之会让朋友认为你太不像话，从而对你产生防范心理。事实上，朋友之间除了友情，还有一种微妙的契约关系。以实物而言，你和朋友可以随时借用，这是超出一般人际关系之处，然而你与朋友对彼此之物要明确：“这是朋友之物，当加倍珍惜”“亲兄弟，明算账”，注重礼尚往来的规矩，要把珍视朋友之物看成如珍视友情一样重要。

与朋友相处可以不拘小节但不能过于散漫。朋友之间，谈吐行为应直率、大方、亲切、不矫揉造作，但过于散漫、不自重，则使人感觉你粗鲁庸俗。也许你和一般人相处会以礼相待，但与朋友相聚就忘乎所以。或指手画脚，或信口雌黄、海阔天空；或在朋友言语时肆意打断、讥讽嘲弄；或顾盼东西、心不在焉。也许这是你的自然流露，但朋友会觉得你不尊重人，没有修养，自然对你产生厌恶轻蔑之感。所以，在朋友面前应自然而不失自重，热烈而不失态，有分寸、有节制才能保持自己在朋友面前的完好形象，使得友情更加稳固。

对朋友要守信用，不能随便反悔不守约定。你也许不那么看重朋友间的某些约定，对朋友们集体举行的活动总迟到，对于朋友之求当时爽快应承，过后又中途变卦。也许你真有事情耽误了一次约好的聚会或没完成朋友的所托之事，也许你轻描淡写地解释一二，认为朋友间应该谅解宽容。孰不知朋友会因你失约而心急火燎，扫兴而去。虽然他们不会当面指责，但必定会认为你在玩弄朋友的友情，是不可信赖之辈。所以，对朋友的托付，和朋友的约定，一定要慎重对待，遵时守约，要一诺千金，切不可言而无信。

让朋友办事，不能乘人不备，强行要求。当你有事需要求人的时候，朋友当然是第一人选，可你事先不通知，临时登门提出所求，或不顾朋友是否情愿，强行拉他与你参加某项活动，这都会使朋友为难，朋友如果有活动安排不便更改，就会更加为难。对你所求，若答应则打乱了他的计划，若拒绝又在情面上过意不去。或许，他表面上乐意而为，但心中仍有几分不高兴，认为你太霸道，太不讲理。所以，你对朋友有求时，必须事先告知，采取商量的口吻讲话，尽量在朋友没事或情愿的情况下提出所求，同时要记住：己所不欲，勿施于人，勿强求。

俗话说："不打勤不打懒，就打那个不长眼"，与人相处不能不长眼。当你去朋友家拜访时，若遇上朋友正在读书学习，或正在接待客人，或正和恋人相会，或准备外出等，你自恃自己是挚友、不顾朋友难处，一坐半天，夸夸其谈，这样，朋友会认为你太没教养，不近人情，以后就想方设法躲避你，害怕你再打扰他的私生活。所以，每逢此情此景，你一定要反应迅速，稍稍寒暄几句就知趣地告辞，珍惜朋友的时间和尊重朋友的私生活如同珍重友情一样可贵。

对朋友讲话也要有所约束，不能因为彼此熟悉就肆无忌惮。

有时你在大庭广众之中,为炫耀自己能言善辩,或者为哗众取宠逗人一乐,或者为表示与朋友"亲密",乱用尖刻词语,尽情挖苦嘲笑讽刺朋友,使其大出洋相,竟不知会大伤和气,使朋友感到人格受辱,认为你变得如此可恨可恶,后悔交了你这么一个朋友。也许你不以为然,会辩解说朋友之间开个玩笑何必当真,殊不知你已经损伤了朋友之情。所以,朋友相处,尤其在众人面前,应和蔼相待,互相尊敬、互相关爱,切勿乱开玩笑,恶语伤人。

朋友之间忌讳过于小气、斤斤计较。你可能在择友交友时,认为朋友的友情胜过一切,何必顾虑经济得失,金钱不能使友情牢固。这种思想使你与朋友相处时显得过于拮据,事事不出分文;或患得患失,唯恐吃亏。对朋友的馈赠概然接受,自己却一毛不拔,这会使朋友感到你视金如命,是个吝啬鬼。所以与朋友交往慷慨大方、豪爽,会使友情牢固。

交友忌讳泛泛而交。有些人可能由于虚荣心所驱使,交友心切,认为交友愈多人缘愈好,越显得自己有本事,往往饥不择食、胡乱交友、泛认知己,从而让朋友认为你是朝三暮四的轻佻之人,不可真心相处,结果你会失去真心的朋友。所以,朋友之交,应真诚相待,感情专一,万不可认为泛泛而交会使自己显赫。

真正的朋友要同舟共济,对于朋友的忠告应认真考虑,妥当采纳。也许你无视这点,每当遇见棘手的事情总是一意孤行,坚持己见,结果自己吃亏,朋友受累。这必定使朋友感到失望,认为你太独断专行,不把朋友放在眼里,是个无为多事之人,日后渐渐疏远你。所以你在遇事决策时,应多听并尊重朋友意见,理解朋友的好心,即使你难以采纳的意见,也要向朋友表示感谢,并将自己的想法说清楚,使人觉得你尊重他。

温馨小贴士

要想在人际交往中左右逢源，就应该了解人际交往的误区，悟出人际交往的门道，在经营人脉的时候少走弯路。俗话说，知错就改善莫大焉，走进误区并不可怕，可怕的是处在误区中不自知、不醒悟。我们应该忌讳踩踏扼杀友谊的雷区，做一个善于交际的人，在交际活动中积累大量人脉。

建立并完善朋友库存

人的一生当中会交很多朋友，有的会成为你的至交，有的会持续地平淡交往，但有的也会中断往来。交朋友不必勉强，可采取有弹性的做法，即使不投缘也不必“拒绝往来”，而要将他们统统纳入你的朋友库当中保存下来。朋友库存是在平时积累当遇到事情的时候备用的，如果不懂积累朋友资源，有事情的时候难免手忙脚乱。

老张新买的汽车因故障发生了爆炸，车身严重受损，车里的人也受伤了。他慌乱之中向他的一个朋友求救，而这个仁兄却从来没有遇到过类似的情况，也不知该怎么办才好，只好建议他去找律师。他过去也认识几个律师，但没有继续联络，名片也不知到哪里去了。他悔恨道：“人到用时方恨少。”

“人到用时方恨少”，不知你有没有这种经验，如果有过，那么就要赶紧亡羊补牢，如果尚未体会到，那么就要未雨绸缪。

未雨绸缪最好的办法就是充实自己的朋友库存。“朋友库存”的充实其实很简单。

首先，你可以将自己从小学、初中、大学到参加工作十几年认识的人的资料整理出来，并记录。你的这些朋友可能分散在全国各地，从事各种行业，时时联络感情，多走动，在谋求合作或寻求帮助时，这些朋友的友谊很珍贵。同学关系从小学到大学如果可以加以掌握，这将是人生中一笔相当大的财富。当然，要建立起这些同学联系，你需要经常参加同学聚会，随时注意同学动态。

其次，将你周围关系密切朋友的资料整理出来，保持联系，在需要的时候，互相帮助。俗话说，你的家人和朋友构成了你的人生。具体一点来说，你的父母、你的爱人、你的孩子构成你的家庭主线，你的同学、你的同事等构成了你的朋友主线。在人的一生中，家人和要好的朋友占有很重的分量。要做有心人，记住亲人和好友的生日，在他们生日的时候送上一张祝福的贺卡，或请他们吃个便饭，保证彼此的关系越加牢靠。这些关系若能妥善维护，就算他们一时帮不上你的忙，也会介绍他们的朋友助你一臂之力。

除此之外，还有一种“朋友”是不可忽略的，那就是在应酬场合认识，只交换名片，谈不上交情的“朋友”。这种“朋友”在各种行业各个阶层都会有，不应把这些名片丢掉，应该在名片上尽量记下这些人的特点，以备再见面时能够一眼认出来。但重要的是，名片带回家后，要依姓氏、专长和行业分类保存下来。不必刻意去结交他们，但可以借故在电话里特意向他们请教一两个专业问题，话里自然要提一下你们见面的场合，你们共同的朋友，以唤起他对你的印象。有过“请教”，他对你的印象就会深刻些。当然，这种“朋友”也许帮不上什么大忙，因为你们没有进一步的交情，但帮小忙，为你解决一些小问题，应该还是可以的。

赶快将你的“朋友”存入库中吧！不要在你需要时才感叹“要是一直联系着就好了”，不管是一面之交，还是数年同窗，都是你的资源，千万不能随意浪费掉。每个朋友从不同角度而言都是一笔财富。对每个朋友都要以诚相待，真心换真心，相信朋友会成为你一生的财富。

结交各式各样的朋友，对取长补短、开阔视野、活跃思维都是有益的，正如古人所说“兼听则明，偏听则暗”。毛泽东就是一个很好的例子，他胸怀博大善于结交各种各样的朋友。在青少年时期，他发了一张《二十八画生征友启事》，和蔡和森、陈谭秋等人组织了新民学会，结交了一大批有志之友。投身革命以后，在他身边有朱德、周恩来等一批亲密战友。同时,毛泽东也有许多平民朋友,民主党派的朋友,如李淑一、章士钊、柳亚子等,都和他结下了深厚的情谊。通过这些朋友,广泛地了解社会各阶层党派的情况,为制定党的方针政策,为发展统一战线,作出了巨大贡献。

交朋友并不是来者不拒越多越好,而是要慎重选择。正如鲁迅先生说过的:“我还有不少几十年的老朋友,要点就在彼此不拘小节而从大处着眼。”看人首先看大体,而不是盯住对方的缺点错误。如果能够把眼光更多地放在他人的优点上才能全面地客观地评价一个人,避免一叶障目不识泰山,从而收获更真挚的友谊。

张瑞和刘贤是中学时的好朋友。张瑞是大大咧咧的人,学习成绩不太好,是老师眼中的落后生,但他对朋友肝胆相照。刘贤是品学兼优的好学生,深受老师和同学们的喜欢。张瑞家里贫困,有时为学费而愁上很多天,张瑞利用课余时间参加劳动挣些钱作为生活费。在实在没有钱的时候也会向刘贤张口借钱,但借过之后从来不说偿还,刘贤有时也感觉朋友的这种做法不妥当,但看在张瑞的确困难的分上就没说什么。

后来刘贤上了大学,张瑞走上了社会,他们始终保持着联系。刘贤大学毕业之后开始找工作,因为竞争激烈他始终没有找到合适的工作,屡屡跳槽的他深感苦恼。他和张瑞聊起自己的苦恼之时,张瑞很诚恳地邀请刘贤到自己投资的一家软件公司的技术部门做经理。刘贤虽然有点不好意思但还是去了。没有想到这一去却给了自己转机,刘贤利用手中精湛的技术和高超的管理能力使张瑞的这个部门大发异彩。

刘贤找到了施展身手的人生舞台,张瑞得到了一名技术猛将,一对好朋友成了人人都很羡慕的搭档。

试想刘贤若不是当初对张瑞慷慨相助,若不是包容了张瑞的不足与他深交长交，就不会有张瑞后来的仗义之举。刘贤能够看准人的潜能，抛开众人的片面看法，所以在自己朋友库里积累了一份超额人脉，使自己在落魄之时得到快速发展的机会。

人在旅途，如果是单枪匹马，往往寂寞乏味，两个人一起旅行就能有互相照顾的同伴，而几个人一同旅行就可以欢声笑语连续不断了。

温馨小贴士

朋友库存比银行里的存款还重要，因为遇到的一切困难都可以通过朋友库存来寻找解决办法，银行里的存款就不具备这样的威力了。它们也有共同之处，那就是都需要打理，懂得理财的人可以使资金不断增长，懂得打理人脉库存的人可以使自己的人生迈向更高的层次。一个人的人脉库存的多少决定了一个人可以成就多大的事业，为了拥有充实而厚重的人生就应该建立并经营好自己的人脉库存。

第五章
人格魅力的无限吸引力

人脉的建立是以个人人格魅力来影响周围人对你的看法的过程，这就要求自己先要会做人，人与人的相处就是一种镜子效应，你对他笑，他对你笑，是相互的。所以刚到一处新的环境，要热情，不要太计较个人得失，大方与人相处，时间一长自然就建立起了人脉。个人素养的高低决定了一个人的魅力大小，人格修养的好坏又决定着一个人的素养，所以说在日常生活中提高修养对自己拓展人脉有很大帮助。

以诚待人

要想构建一个牢靠的人脉网络首先必须在人品上站得住脚。只有具有好的人品，能站在别人的立场考虑问题，才能获得别人的信任。可以想象，一个企图利用别人达到自己目的的人能够死心塌地地为他人效劳吗？只有以真诚之心待人，才能得到别人真心的回报；通过和谐的关系，才能够得到共同的发展。

在人际交往中，要诚心诚意，不要怀着伪善的态度对待别人，对方一旦发觉自己是被人利用的工具，即使你对他再好，也只能适得其反。要获得真正成功的人际关系，就只能用诚心与人交往。如果带着个人目的去帮助他人，只能得逞一时，最终还会失去朋友。以诚相待是人际交往中最重要的砝码，大多数矛盾都能用诚信的办法解决。只要真诚待人，就能赢得良好的声誉，获得他人的信任，将潜在的矛盾化解在无形中。

什么是真诚呢？真诚就是不作假、不欺人。成大事者讲究人品之真，做事之诚。只有具备了真诚品质的人，才会敞开心胸，使人们了解他、接纳他、帮助他、支持他，使他在事业上获得成功。也许你无法让所有的人都喜欢你，但是你至少可以让大多数人信赖你。诚实的人日久天长会逐渐形成宽容博大的胸怀，周围充满微笑和友爱；心思纯洁的人会渐渐养成自律的习惯，周围充满宁静和平的氛围。

诚实守信会改善你的人缘，在某种程度上，会消除不利因素带来的障碍，使困境变为坦途。

张源在清远县当县令，得到当地民众的拥护。这一年，皇上突然下旨要将他调回京城委以重任，朝中不少大臣对此不满，认为一个县令直接晋升为二品官员有点不合情理，于是皇上便给众大臣们讲了一件发生在张源身上的事情。

有一次，张源带着家人去庐山白神庙，张源女儿的随身婢女没出过远门，兴奋得东跑跑西看看，于是张源的女儿说："这个小妮子，片刻也不让人清闲，等明天回府就找个人家把你许配了去，看你还敢这样不安分？"那个小丫头知道小姐在开玩笑，就指着张牙舞爪的河神像对小姐说："那今天就把你许配给这个神仙吧！"

两个姑娘互望了一眼，便笑着在张源身后继续拜神，谁也没有把刚才的话当回事。

晚间，张源的妻子梦见河神对她说："今天你家的婢女说要将你的女儿许配给我的儿子，承蒙你们看得起他。这是我为你家准备的聘礼，虽然有点菲薄，还敬请笑纳！"

张源的妻子惊醒后，赶紧叫醒自己的老公，对他说了梦中的事情。全家人商量了一下，担心事情变成真的，于是便决定连夜坐船赶回清远。可是船走了十几里后，就再也走不动了。张源命令随从将船上的东西全部扔到河里去，仍然不起作用，船停在河中央纹丝不动。张源无可奈何地说："看来婢女闯下大祸了，既然已经许诺，那么恐怕我们不将小姐许配给河神的儿子，便无法脱身了。"

婢女哭着说："我那是跟小姐开的玩笑啊，哪知道神仙会当真了！要不把我许配了吧，都是我的错！"

此时没有办法，张源只得让妻子将女儿放到河里，他不忍心看到那样的场面，回到船篷里去了。张源的妻子哪里会舍得将自己的女儿扔下河呢？于是她经过商量让婢女跳下了河，婢女觉得是自己闯的祸，虽然心里害怕但还是跳了下去。

张源感觉到船的移动，忍着悲痛出来看看情况，结果发现自己的女儿还在船上。他对妻子说道："知道为什么这些年来我能够把清远县治理得井井有条吗？那是因为我从来没有背信。一个人最重要的品质就是守信用，今天我既然答应了河神将女儿许配给他的儿子，那么绝对不能让婢女来替代！若是如此言而无信，那我以后如何面对世人？"

说完，张源让管家将女儿扔进了冰冷的河水里。

张源的妻子对着河面号啕大哭，张源安慰说："不要哭了，没准她这一去，倒还是她的福气呢！"

第二天早上，张源和家人到了清远码头。让所有人都没有想到的是，码头上竟站着两个熟悉的女孩子。张源的妻子睁大了哭肿的眼睛，半天也不敢相信那两个女孩子就是他的女儿和随身婢女。这时站在他的旁边的一个衣冠楚楚貌似官员模样的人对张源说："我是庐山河神的主簿。我们大人昨夜阻拦，是想看看你是否真的守信用。大人说，人和神本来就是不同世界的人，难以通婚，见你这么讲义气守信用，所以命我今日在此等候，将你的女儿还给你。"

众大臣听罢，都默不作声了，在朝野之中，大家都不再提反对意见了。张源当上二品官员后，因他诚实守信，深得百姓们的爱戴。

假如张源没有守信用，就不可能得到河神的尊重，更不会有机会从一个小县令一跃而成为国家重臣。这就告诉我们，在与人交往中，遵守诺言是每个人都应该做到的，但有时候，人们如果因为自身的原因失信了，那么这种失信就会成为人脉网"失控"的原因。

人无信不立，无论是做人还是经商，都要确立自己的个人信誉和商业信誉，不夸大其词，不做无法实现的承诺。一旦做出了承诺，即使面临困难也要想办法做到。

诚实不是为交换报酬，诚实的人是不会斤斤计较报酬的,因为诚实本身就是对自己的基本要求。诚实的人可以集中心力,做一些更有意义的事情。

有的人讨厌诚实,机会也讨厌他们。你可以暂时伪装自己,表现诚实的面孔,但是人们最终还是以你的所作所为,而非你的言词来判断你。

竞争时代,合作双赢。一个人,纵然是天才,也不能靠一己之力成就大事。所以一个人要想完成自己的事业,就必须要利用自己的才智,借助他人之力,在事业的征途中,以真诚为基础,依靠自身信誉,编织自己的事业关系网。借助别人的力量为自己办事的最好方法就是感情投资、真诚合作、利益共享。正如广告词所说:大家好才是真的好。在诚信的基础上,与客户关系的长久保持始终要谨记:动之以情、晓之以理、诱之以利、胁之以灾。并且心中明白以上所有努力是为了促成双方的合作,最终目的是在合作中使双方牟利,不能只想着自己发财。

真诚也是一项与人沟通的艺术。一时真诚待人或许大家能够做到,但长久地真诚待人,不见得每个人都能够做到。真诚对待一个人,或许可以做到,但真诚对待每一个人,不见得人人能够做到。所以要时时督促自己时时事事要真诚。

以诚待人是值得信赖的人们之间的心灵之桥，通过这座桥，人们打开了心灵的大门。

美国总统罗斯福是一个受欢迎的人,甚至于他的仆人都喜欢他。罗斯福的黑人男仆詹姆斯·亚默斯,写了一本《罗斯福,他仆人的英雄》,讲了一个富有启发的故事。

“有一次,我太太问总统关于一只鹑鸟的事,她从来没有见过鹑鸟。于是总统详细地描述一番。没多久之后,我们小屋电话铃响了。我太太拿起电话一听声音是总统。他说他打电话给她,是要告诉她,窗外面正好有一只鹑鸟,如果她往外看的话,可能看得到……他常做这类的小事。他每次经过我们小屋，即使看不到我们，也会轻声叫出：'呜，呜，呜，安妮'或'呜，呜，呜，詹姆斯'，这是他经过时友好的招呼。"这样一个真诚而友好的人恐怕没有朋友不喜欢他。

真诚待人是赢得朋友的前提。待人真诚，守信，能更多地获得他人的信赖、理解，能得到更多的支持、合作，由此可以获得更多的成功机遇。我们主张知人而交，对不很了解的人，应有所戒备；对已经了解、可以信赖的朋友，应该多一些信任、少一些猜忌，多一些真诚、少一些戒备；没必要对那些完全信赖的朋友真真假假、闪烁其词，因为那些虚伪的表现会破坏朋友之间的真情厚意。

我国著名翻译家傅雷先生说："一个人只要真诚，总能打动人的，即使人家一时不了解，日后便会了解的。"他还说："我一生做事，总是第一坦白，第二坦白，第三还是坦白。绕圈子，躲躲闪闪，反而叫人疑心。你耍手段倒不如光明正大、实话实说。只要态度诚恳、谦卑、恭敬，这样许多人都会愿意和你交朋友。"

人与人是相互的，自己真诚，"敞开心胸给人看"，对方感到你信任他，从而卸除猜疑、戒备，把你作为知心朋友，乐意向你诉说一切。每个人的内心深处都有封锁的一面和开放的一面，人们往往希望获得他人的理解和信任。然而，开放是有选择的，即向自己信得过的人开放。

要想成为善于沟通的人，首先要做真诚的人，真诚对待每一个人，用自己的言行感动那些与你交往的人，让他们成为你人脉网中的一个结。

温馨小贴士

人与人之间最高的信任无过于言必责实、行必责实、真心实意、坦诚相待，从心底感动他人而最终获得他人的信任。只有以诚信为本才能在众人心中树立自己的形象，才能构筑起宽广的人脉网络。朋友之间，最重要的是诚实守信，它如同一根坚韧的纽带，让我们建立起心灵的桥梁。通过这座桥，人们打开了心灵的大门，并肩携手合作共事。要想获得更多的人脉资源，请以真心诚意对待他人。

心胸宽广聚人脉

在与人交往中，一定要用宽广的胸怀去容纳自己看不惯的人和事，对待做错事情的朋友要做到得饶人处且饶人，不能咬住别人的错误不放。俗话说：宰相肚里能撑船，如果不能包容人包容事就永远不会摘取成功的桂冠。

良好的人际关系是成功不可或缺的条件，今天你得罪了一个人，你就可能在通往自己成功的道路上设置了一个障碍。但是，有些人即使因为自己的处理不当造成别人的困扰，也满不在乎。他们的想法是，反正和这位得罪的人今后不再有共事机会，不道歉也没事。然而，因为这一件事而失去的并非只是你所得罪的那个人。由于无论任何性质的公司都是隶属某一行业，因此，你必须考虑被你得罪的对象有可能在这一行业大肆渲染，这样，你有可能失去一百个人的信赖。所以还是不要轻易得罪人，因为社会是由不同的人组成的，人活在世上，每天都和不同的人打交道，不论是在生活上还是在事业上，都和别人有互动关系。

人要依靠互助才能生存，如果你离开了人际关系，不要说这个激烈竞争的社会了，就是在古代，你也会寸步难行。所以得罪人是剥夺自己发展空间的行为。或许你会认为，世界之大，得罪一个同行又何妨？不至于堵住自己的发展之路吧！这种想法是不正确的，同行有同行的圈子，有同行的朋友，如果你处理得不好，就会在行业内失去信誉，失去帮助。

另外，邻居间“低头不见抬头见”，处在同样的生活环境中，难免会有联系，你对我好，我自然对你好，一来二去，就成了朋友。这样，不仅可以分享邻居的亲属关系资源，也可以分享他们的朋友资源。

工作中，如果能与同事处理好关系也是人际关系中的优势。无论你跟谁做搭档，要想业绩好，首要条件是双方的合作和努力。很多人都觉得同事间有利益冲突，要达到完全和谐是不可能的。但在无利益冲突的时候你可以和他们保持良好的关系，有利益冲突时大家公平竞争，无论谁成谁败都不要抱怨。如果在公司中能和同事建立良好的人际关系网络，那么你的信息来源就会越来越多，就更容易掌握公司发展的趋势、公司的现状，这也可以提升你的人气，以后有升职的机会你就占优势，你在公司的地位也就越来越稳固。

通过业务关系成为朋友是很常见的事情，生产商和原料供应商、生产商和销售商、客户和银行、病人和医生等，都属于业务关系方面的朋友。同这些业务人员的关系深厚也能增强你在公司中的地位。

只要你是一个职员，无论你在哪个公司工作，一定会有一个顶头上司，你的大部分工作都和上司共事，你和上司的关系越好，你的机会就越多，要出人头地也就越容易。因此，在工作方面，一定要和上司好好地交流、磋商，另外，也尽量与其保持友好关系，在工作之余，多聊一些自己对事情的看法，从而显示自己的整体素质。要积极参与公司举办的各种活动，如旅游、宴会等，在这样的场合，你会发现平时极其威严的上司现在易于接近了，这时交流比较容易，有利于建立良好的关系。

你为了维护自己的利益而不受他人的尊重时，请仔细想想，值得轻易动气吗？值得大动干戈吗？如果为了一点小小的利益而伤了和气，得罪了人，实在是不值得，因贪图一时的痛快而得罪了人，你将为此付出更多代价。你得罪了一个朋友就少了 N 条路，这样的损失实在令人痛惜。相信所有的人都会计算，与自己周围的人搞好关系才是长久的发展之计。

凡是心胸宽广的人总有较强的忍耐力，他们不会因为一时不顺心就暴跳如雷，也不会因为一时受挫而一蹶不振。忍，是韧性的较量，是永不败北的战斗策略，是战胜人生危难和险恶的有力武器，是心胸宽广的标志。

20世纪80年代，加拿大前总理特鲁多在下野后向邓小平请教复出的“秘诀”，邓小平的答案是“忍耐和信仰”。凭着这个“秘诀”，他三次被打倒，三次复出，而且一次比一次获得更大的成功，被西方人称为“打不倒的东方小个子”。忍可以经得住风吹浪打，可以经得起磨难的冲击。忍耐力强的人心中能够盛得下大的波澜。

正是这个“忍”，使一度被打倒的邓小平再次复出，也正是这个“忍”字，教会了加拿大那位前总理人生的秘诀，使他在下野以后又重新焕发了政治生机，重新获得了总理的宝座。

在中国古代文化中有很多关于“忍”的故事。越王勾践卧薪尝胆，淮阴侯韩信忍胯下之辱，都忍受过常人难忍之辱，最终成就了大业。清代金兰生《格言联璧·存养》中说：“必能忍人不能忍之触忤，斯能为人不能为之事功。”

战国时期，有一位出生于魏国的范雎，因家境贫穷，开始在魏国大夫须贾手下当门客。有一次，须贾奉命出使齐国，范雎作为随从一起前去。到了齐国，齐襄王没有及时接见须贾，却因仰慕范雎的辩才，叫人赏给范雎百两黄金和酒，但范雎没有接受。须贾却因为这件事对范雎产生了怀疑，认为范雎把魏国的秘密出卖给了齐国。回国后，须贾将自己的疑心告诉了魏国宰相魏齐。魏齐下令把范雎叫过来，严刑威逼，打折了肋骨，打落了牙齿。范雎假装死了，被人用席子卷起来，丢在厕所里。接着魏齐设宴喝酒，喝醉了，轮流朝范雎身上小便。后来，范雎设法逃出魏国，改换姓名，辗转到了秦国，当了秦国的宰相，洗刷了自己昔日在魏国受到的耻辱。

忍，实在是医治磨难的良方。忍人一时之疑，一定之辱，一方面是脱离被动的局面，同时也是意志的磨炼，为日后的发愤图强、事业有成奠定基础。

现实生活不全然是理性的，充斥着很多无奈的情况。譬如，某些人骨子里就有攻击性，这就意味着另一些人会无端遭到挑衅。如果我们对所有的“攻击”，都施以“反击”，那我们生活的环境将充满火药味，这样对自己有什么好处呢？如果我们漠视这类人的攻击，他在没有回应的情况下会自惭形秽、无地自容，这不是最好的回击吗？如果长此以往，攻击者将在反省中领悟到自己的行为是多么不堪一击，没准痛改前非、转恶为善呢。

忍让就是忍耐谦和的意思。一般说来，在社交中产生矛盾，双方可能都有责任，但作为当事人应该主动“礼让三分”，从自己的身上找原因。忍让，实际上就是让时间、让事实来“表白”自己。

在社交中采取忍让的态度可以让很多事情“冷处理”，可以摆脱相互之间无原则的纠缠和不必要的争吵。这使我们想起了歌德的一则笑话。歌德有一天到公园散步，迎面走来了一个曾经对他作品提出过尖锐批评的批评家。这位批评家站在歌德面前高声喊道：“我从来不给傻子让路！”歌德答道：“我正相反！”一边说，一边满面笑容地让在一旁。歌德的幽默避免了一场无谓的争吵。有了歌德这样的“一笑”，就可以避免各种矛盾冲突，也可以消除自己的恼和怒。从某种意义上说，它既可以为自己摆脱尴尬难堪的局面，又能显示自己的心胸和气量。

俗话说：“不如意事常八九”。期望爱情甜蜜者，难免有失恋的苦恼；一向都很和谐的家庭，也少不了“上牙碰下牙”的争吵；被认为可信赖的朋友，偶尔的误会竟导致隔膜的产生；为事业而奋力拼搏，也许遭到平庸者的忌妒。生活中的“不如意”，能检验一个人的修养水平：有的泰然处之，从容对待，以真诚化干戈为玉帛；有的则怒形于色，耿耿于怀，因褊狭积小怨为仇端。学会忍让，这看似极简单，却有化解各样烦恼的神力，而使你人生路上充满信心、洒满阳光。

温馨小贴士

俗话说“宰相肚里能行船”，因为此人有行船的度量才聚集了大量的人脉资源、得到了众人的支持、皇上的赏识，才有机会当上宰相。所以说心胸豁达，度量宽广是聚集人脉的前提，是成就伟业的准备。如果斤斤计较、气量狭窄，心中就容不下别人，别人就会远离自己，当然也就不会聚集起人脉资源。“地低为海，人低为王”，海纳百川方成其大，壁立千仞无欲则刚，人容万事方得其强。

为人处世要谦虚礼让

“谦虚礼让”表现一个人的素质和修养，为人处世谦虚低调就可以得到众人的拥护和敬仰；若一味骄傲自满，以我为中心，听不进别人的良言规劝，只会失去处世的根本。

高高在上，盛气凌人会失去很多朋友，引起他人背后甚至当面的讥笑。获得别人尊重的唯一要诀，就是练好“谦”字功夫，想得到别人尊重，就要先尊重别人。

富兰克林年轻时骄傲自大，言语轻狂尖刻、处处咄咄逼人。这样使他在与人相处的时候总是遭到别人的强烈反击。造成他这种个性的最大原因就是他的父亲过于纵容他，对他的这种行为从来不给予严厉批评。倒是他父亲的一位好朋友对富兰克林的这种性格看不过去，有一天，把他唤到面前，用很温和的言语规劝他要谦虚待人。这番规劝，使富兰克林一改往日的不良行为，转身搭上了开往成功之地的快车！

目中无人不仅仅是指眼睛里容不下别人，而是让你失去这个人。因为谁都不想让自己被别人轻视，如果被某人轻视，久而久之就会断绝与此人的交往。

那位朋友对他说：“富兰克林，你想想看，你那不肯尊重他人意见，事事都自以为是的行为，结果将使你怎样呢？人家受了你这样的难堪后，谁也不愿意再听你那一味矜夸的言论了。你的朋友们将一一远避于你，免得受一肚子冤枉气，这样你从此将不能再从别人那里获得半点学识。何况你现在所知道的事情，老实说，还有限得很，根本不管用”。

富兰克林听了这番话，大受感动，深知自己过去的错误，决意从此痛改前非，处事待人处处改用研究的态度，言行也变得谦恭和婉，时时慎防有损别人的尊严。不久，他便从一个被人鄙视、拒绝批评的自负者，变成到处受人欢迎爱戴的成功人物了。

如果富兰克林当时没有接受这位长辈的劝勉，仍旧一意孤行，说起话来不分大小，不把他人放在眼里，那很难设想他日后能成为伟人。

妄自尊大，将使与你接触的人个个感觉头痛，给人不好的印象，从此你所能交的新朋友，将远没有你所失去的老朋友那样多，直到走进众叛亲离的绝境。试想到了那时，你做人还会有什么趣味？你行事还会有什么伟大的成就？你的名誉还能靠谁来传扬呢？

要改正目中无人的癖习，不是一件难事，只要记住：未来要成就的丰功伟业还多呢，现在即使有了一点点成就，但与未来的成就相比微乎其微。即使有人已对你大加赞美，也只是表明他们的眼界太低，而不能说是你的成就已达顶峰。你对人说话时，应该注意：你是在向对方吸取学识经验，而不是把你浅薄的学识全部搬出来炫耀。你发表意见，必须抱着求人将它改善的目的，而不是用来压倒人。因为实际上，没有一个人愿意被迫接受任何意见。

人们都不喜欢自吹自擂的人，你当然也不愿人家把你当成这类人。那么最好的办法，就是在自己谈吐行动之间，处处给人留下一个自由旋转的余地，如果你的意见的确是对的，他们经过思索之后，自然会乐意接受的。万一他们抱着成见，始终不接受，那你也必须知道：过分强调、夸大的语气，并非是征服他们的武器，反而易使他们与你深沟高垒地对峙起来。

有位企业家说过：“当你经过千辛万苦使你的产品打开市场

的时候，你最多只能高兴五分钟，因为你若不努力，第六分钟就会有人赶上你，甚至超过你。”

当你被上司提升或嘉奖的时候，常自鸣得意吗？如果是，那你就要好好学一番涵养的功夫，把你那因升迁而引起的过度兴奋压平下去才好。你所拟的一生计划，当然是非常伟大的，但在你没有达到目标之前，中途的一些升迁，真可说是微末小事。也许在你实行一个计划时，一着手就大受他人夸奖，但你必须对他们的夸奖一笑置之，仍旧埋头苦干，直到隐藏在心中的大目标完成为止。那时人家对你的惊叹，将远非起初的夸奖所能及。

美国汽车大王福特曾说：“一个人如果自以为已经有了许多成就而止步不前，那么他的失败就在眼前了。许多人一开始奋斗得十分起劲，但前途稍露光明后，便自鸣得意起来，于是失败立刻接踵而来。”

一个人伟大与否，是可以从他对自己的成就所持的态度上看出来的。堆积你的成就，作为你更上一层楼的阶梯吧。

人生处在顺境和得意时，最容易得意忘形，这样往往导致衰败，乐极生悲。看过特洛伊战争“木马屠城记”故事的人，都会记得特洛伊是怎样被毁灭的。

特洛伊人与入侵的希腊联军作战，双方互有胜负。后来联军中有人献计，假装全部撤退，留下一匹大木马，并将勇士藏在马腹内，其他的主力部队亦躲在附近。特洛伊人望见远去的舰队，以为敌人真的撤退了，于是在毫无防备下，将木马拖入城内，歌舞狂欢，饮酒作乐。就在他们睡梦时，木马中的敌人纷纷跳出，打开城门，里应外合，于是特洛伊灭亡了。

从这个故事中，可得到一个宝贵的教训：得意时不要高兴太早，否则失意马上就到。

有些人因为顺境连连而甚感欣慰，愉悦之情不时流露脸上。然而，不能光是高兴，应该想想怎么才能维持好运，永保成功。

希腊著名雄辩家戴摩斯说:“维持幸福,远比得到幸福困难。”同样的道理,好业绩得来不易,但更难的是保持好业绩。

欧洲有一著名格言:“愈是喜欢受人夸奖的人,愈是没有本领的人。”反之,我们可以说:“愈是有本领的人,愈不在乎别人的夸奖。”

美国南北战争时,北军格兰特将军,和南军李将军率部交锋,经过空前激烈的血战后,南军一败涂地,溃不成军,李将军还被送到爱浦麦特城受审,签订降约。

格兰特将军立了大功后,是否就骄奢放肆、目中无人起来了呢? 没有,他是一个胸襟开阔、头脑清醒的大人物,绝不会丧失理智。

他很谦恭地说:“李将军是一位值得我们敬佩的人。他虽然战败被擒,但态度仍旧镇定异常。像我这种矮个子,和他那六尺高的身材比较起来,真有些相形见绌,他仍是穿着全新的、完整的军服,腰佩政府奖他的名贵宝剑;而我却只穿了一套普通士兵穿的服装, 只是衣服上比士兵多了一条代表中将官衔的条纹罢了。”

这一番谦虚的话听在人们耳里,远比自我炫耀、自吹自擂好得多。只有那些虚荣的人,才爱在人面前吹牛,以掩饰不自信的心理。一个真正成功的人,是不必自我吹嘘自我炫耀的,因为他的成绩、成功,别人看得更清楚。

也许你认为格兰特将军的自谦值得赞美,而李将军以败将的身份,居然也昂首挺胸,似乎有些傲慢呢? 其实不然,李将军虽然战败,但仍能坦然忍受耻辱,这正是他勇敢坚毅的地方。他这样做,是表示他把失败当做一种经验,而非一种耻辱,如果能再给他一次机会,他仍能挺身奋战、争取光荣。所以他也不失为一位伟大的军人。他之所以与格兰特持相反的态度, 并非不谦虚,实在是由于两人处境不同。

格兰特将军不但赞美了李将军的态度，而且也没有轻视他的战绩。他认为自己的成功和李将军的失败，都是偶然的机会造成的。他说：“这次胜负是由极凑巧的环境决定的，当时敌方军队在弗吉尼亚，几乎天天阴雨，害得他们不得不在泥淖中作战。相反，我们军队所到之处，几乎每天都是好天气，行军方便，而且有许多地方往往是在我军离开一两天后便下起雨来，这不是幸运是什么呢？”

格兰特将军把一场决定最后命运的大胜利，归功于天气和命运，这正表示他有自知之明，始终没有被名利的欲念所埋没。

假使你常常因为芝麻大小的成功而得意忘形，接受别人的称赞，自己把自己抬得很高，那你无异是在欺骗自己，就像捂着耳朵偷人家的铃铛一样。从此你将与失败结缘，因为你根本不明白自己想要的成功是什么样子。没有长途跋涉、披荆斩棘的志向和勇气，你怎么会有成功的希望呢？

实际上，只要我们仔细思考就知道，我们的成功离不开机遇，我们应该看清这些机遇所在，准备将来如有同样事情发生，又缺乏这些机遇时，就知道怎样应付。

你遇到不懂的问题，就要向别人请教，只要这个人是行内人士，就不必在意这个人地位高低。在罗斯福任美国总统期间，他去打猎的时候，便请教猎人。因为猎人才懂得打猎的技术，身边的政治家们不见得对此多么精通。反之，当他讨论政治问题时，他也绝不会和猎人商议，而是和政治家开会。

有一次，罗斯福和一个牧场工头出外打猎，罗斯福看见前面来了一群野鸭，便追过去举起枪来，准备射击。但这时那个工头早已看见在那边树林中还躲着一只狮子，忙举手示意罗斯福不要动，罗斯福眼看野鸭要到手，对示意不予理睬。结果狮子在树林中听到了响声，便立刻跳了出来，蹿到别处去了。等到罗斯福瞧见了，再赶紧把枪口移向狮子时，已经来不及而让它逃脱了。

牧场工头瞪着愤怒的眼睛，向他大发脾气，骂他是个傻瓜、冒失鬼，最后说："当我举手示意的时候，就是叫你不要动，你连这点规矩都不懂吗？"

罗斯福受到身份那样低下的牧场工人的训斥，他会怎样应付呢？大发雷霆吗？打他两记耳光吗？不，他是深明"求教原则"的人，绝不会干出丧失理智的事情来。他对那顿责骂，竟然"逆来顺受"，并且以后也毫不怀疑地处处对他服从，好像小学生对待老师一般。他深知在打猎上，对方确实高他一筹，对方的指教是不会错的。

"各得其所"是做任何事都不变的原则。就拿人格担保来说吧，一个演说家也许可以用人格来担保某人演讲起来一定精彩，但是他没有资格担保某种饮料的品质一定高超。同样，一个正直的传教士，可以证明某人是一个好人，但不能保证某种药品确实有效。

我们向人求教时，千万不要先被成见蒙蔽，以为自己平日对于某人的印象极佳，那人说出来的话便一定没有错，这就是失去理智。实际上，你应该先知道那人对你所问的事情懂不懂、有没有经验才是。也不要因为某人一时犯了错误就认为他什么事情都做不好。美国杂货业大王凡瑞迈可说："年轻人平时最大的错误，就是对任何事自己都先存了成见，当他们去请教于人时，实际上，并没有怀着探索真理或搜求有识者经验的目的。他们最后无非是希望对方对他的意见夸奖一番，如果对方给了他一个否定的回答，他往往不区别是非曲直，只是大失所望，最后还是依自己的意思去做。"

如果你也犯了凡瑞迈可所说的这个毛病，就马上改过来吧，知错就改对你有益无害。你该知道求教于人并非为了使自己心情舒畅，而是就某一个问题寻出一个正确的结论。

此外，在求教于人时，还有一件最重要的事，就是当对方发表了意见后,必须当机立断,接受或拒绝,一定要心中有数。如果觉得有不满的地方,也得放在心里,不必说出来。

想想看,如果你向他说:“你不能想出一个别的方法来吗?”那你不是个傻瓜吗?对方当然是找自已认为最对的说出来,你要他改变,就无异于弃其所长而用其所短,即使他当真转了方向,恐怕结果对你也没有丝毫益处。

如果你听了别人的话做错了事,也不要怪那说话的人,应该责备你自己的判断力不够。对方不过是“提供意见给你”,并非“代你负责解决”。

温馨小贴士

“水满则溢,人满则退”的道理大家都明白,但真的避免自满却不是容易的事情。谦虚礼让是中华民族的传统美德,也是对每个人的基本要求。要想在与人交往中收到良好效果就要了解空杯理论,只有虚怀若谷才能有兴致听别人讲话,才会考虑别人提出的想法,才能在人生的道路上不断进步。只有谦虚礼让,才能得到众人的尊重。

做人做事要讲原则

做人难，难做事，面对千难万阻，要提升自我，就应该有点强硬的手腕。面对为难的事情，应敢于说“不”；如果是正当利益，则应当仁不让。有脸皮厚的时候，也要有头皮硬的时候。就是说：一个人要想不吃“后悔药”就必须做人做事讲究原则。

生活中有许多的“怪圈”，明明对你有利，你总断然否决；明明这人不适合于你，你又碍于面子，难以拒绝；明明是你不愿做的事情，在别人的盛情之下，只好勉强为之。这样违背自己的意愿，令自己当时为难、事后难受的原因就是缺乏做人做事的原则。

社会飞速发展的车轮碾碎了无数公正和直率的骨骼，使得人们之间缺少了真诚和温情而增加了利益的争夺和抢占。为了向更有利的生活环境迈进，他们利用别人和自己，搭起了一张张人与人交织的关系网，互相利用，互相“关照”。于是出现一出出面子淹没原则的闹剧。如果你瞻前顾后，左右权衡，不敢说出“不”字，就说明你已经出现缺乏原则的征兆。

做人做事讲原则会增加个人的魅力，一个能成就事业的人必是讲原则的人，面对这样一个人即使遭到了拒绝也不会迁怒于他，而会油然升起几分敬佩之情。下面这个故事就很好地说明了这个道理。

杜林承包经营一家新技术开发公司。几年来，由于经营有方，经济效益特别好，因而引得许多人都想往这个单位钻。

一天，他的一个老上司打电话，想给他推荐一个职员，问他能否接收。碍于面子，他就让老上司带着求职者来面试。面试结果很不理想，进入公司吧，养了个庸才，而且会造成公司进入制度破坏，影响公司长远发展；不接收吧，老上司以前待自己不错，碍于情面，不好拒绝。于是，杜林愁眉苦脸左右为难。

朋友给杜林提出建议：首先，从大处、长处着想，应当拒绝。其次，要摆明单位实际情况，让老上司及求职者明白不接受的原因。最后，要顾全老上司的面子，免伤自尊与和气。

两天后，杜林圆满地解决了这一事情。他首先请老上司和那个求职者参观了解了一下公司人员忙碌的情况和做事的难度，以及进入的规章制度。接着向老上司汇报了在老上司以前指导下的发展情况，今年的承包合同指标。“老领导，前几年，在您的指导下，公司发展很快，公司上下都非常感谢您的理解和支持。去年年初，我们按照您的指示修订和加强了管理制度和岗位用人制度，效果非常好，希望您能继续指导。对于您介绍的这个小伙子，所学与我们不对口，公司研究没有通过，也是怕影响完成今年的承包指标。如果有其他适合单位的话，可先告诉我，我再想办法让他去试试。老领导，您看这样好吗？”

杜林通过让对方了解实际情况，明确说出事实，“开诚布公”地拒绝了，即使不拒绝，求职者也很可能会畏缩。杜林以老上司指导而定的制度为由，既恭维了老上司，给了他面子，又以制度和合同指标给老上司指出了自己的“两难”境地。此外，以本单位不适合，还有别的单位可能接收，留给对方一条后路。这种拒绝法真可谓是洞察人性、巧妙拒绝的高招。

从这个例子可以看出，遇到抹不开情面的“难办事”，只要在坚持原则的前提下巧妙处理就可以轻松搞定。特别是因为坚持原则而拒绝别人的时候，不必抱愧疚感，而是要妥当地说明你拒绝的原因，如果合情合理，被拒绝的人也会欣然接受的。

要巧妙地拒绝应该做到：让对方了解实际情况和难处，开诚布公地拒绝，使对方相信你的真诚。要给对方留面子，切不能伤人自尊。别人之所以来你这里求职，一方面是你公司的发展前景好；另一方面也是公司的声誉好。拒绝对方而不留面子，不仅会破坏你们的关系，而且也会影响整体声誉，影响公司招纳贤才的形象。所以绝对不能以伤人自尊的方式拒绝对方，力求使对方高兴地退下。让对方感觉到公司的发展也有对方的一份力量(虽然不是公司职员，但局外人的支持和帮助也是难能可贵的)。这使得公司增强了社会力量。此外，要在时间、地点上注意选择拒绝方式。一个原则是：确定拒绝时，要及早拒绝，不拐弯抹角地拒绝，好让对方有所准备，避免招致对方错觉和不必要的麻烦。

拒绝一个人不难，难的是处理好在其中穿针引线的人情关系。所以，在人情下的拒绝，你总会有点不安，但是你不能不拒绝。那么，巧妙地布置，把交际当舞台，安排好拒绝的主角和配角，就会使拒绝成为一门创造性的人际交往艺术，于是既达到了你的目的，也避免了关系僵化。

巧妙的拒绝，是伴随你成功的一把小钥匙，不妨经常磨磨它，免得生锈了。

另外，面对事情，要做到属于我的，就不要客气。韦尔奇告诉我们，在不公正的待遇面前，要有勇气反抗，要敢于捍卫自己的利益。每个人都必须承担自己的责任，在此基础上，每个人应该得到属于自己的待遇。

1961年，杰克·韦尔奇已经以工程师的身份在GE公司工作了一年，年薪是10500美元，这时，他的第一位老板给他涨了1000美元的薪水。他觉得这样挺不错，可是，时隔不久，他发现与他在一个办公室工作的四个人的薪水居然是完全一样的。于是，一种不平衡感涌上心头。因为以工作成绩来看，他应该得到比“标准”更多的东西。

当他打算为自己的待遇讨个说法的时候，另一家公司向他发出邀请函，于是他辞掉了这份工作，去了另一家单位，这一家公司的待遇规定非常明确，就是多劳多得，凭能力吃饭，这一点令杰克很顺心。经过努力工作，杰克拿到全公司最高的工资。虽然工资的总数比原来单位的工资也高不出多少，但杰克非常高兴，因为他认为自己的能力得到了认可，公司发工资坚持了原则。

温馨小贴士

原则就像是一个人的腰板，你在生活中坚持自己的原则就挺直了自己的腰板，头可断、血可流，原则不可改，只有具备了这份坚定的信念才可以在人生道路上树立自己的旗帜、找到自己的坐标，才可以赢得别人的尊敬和信任，才能增添自己的魅力和气质。没有原则的人就像是墙头草，忽左忽右摇摆不定，永远没有属于自己的思想，永远都是别人的附属品。为此，坚持原则是每个想事业有成的人必不可少的素质，我们都应该从身边小事做起，培养自己的这种品质。

微笑是美丽的天使

中国有句古话：抬手不打笑脸人。微笑就像一团火能融化冰冻的感情，能化干戈为玉帛。没有什么东西能比一个阳光灿烂的微笑更能打动人了。因此在与人交往时，记住带上你的微笑，如此容易的举动，却是让你的人脉流通最好的一张名片。

每个民族都有自己的风俗习惯和文化，有着不可触犯的忌讳，特定的动作表示着特定的含义。比如在中国，摆手是一种见面和告别的招呼方式，可是在希腊和非洲的尼日利亚，对人摆手就是极大的侮辱；在巴西，若你将自己的拇指和食指相接，那就是告诉人见鬼去吧，不过这种手势用在美国，就代表了 OK 的意思。然而，有一种交流方式却是全球通用的，这便是微笑。因此记住：不论走到哪里，始终都要带上你的微笑。

这就是为什么许多企业的老板宁愿雇用一位高中还没有毕业却有着迷人笑容的女员工，而不愿聘请一个满脸“尊严”的哲学博士的原因了。

美国的希尔顿饭店享誉全球，名冠五洲。董事长唐纳·希尔顿认为是微笑给饭店带来了繁荣。看了下面这个故事就会明白希尔顿为什么如此看重微笑的作用。

很多年前，在希尔顿酒店刚建立的时候，希尔顿每日为了各种事务而忙得焦头烂额。当时，他的心情一直很糟糕。然而在那时，一位前去拜访他的老妇人脸上展露出的和蔼笑容，让希尔顿所有的阴霾一扫而空。那天他与老妇人进行了愉快的交谈，交谈中，老妇人脸上真诚的微笑完全感染了希尔顿。

从那以后，他就把微笑服务作为饭店的宗旨，他要求员工不论多么辛苦，多么委屈，都要记住任何时候对任何顾客，都要用心真诚地微笑。无论任何人来到希尔顿饭店，都能感受到微笑的魅力。员工们的笑容给每位顾客带来了阳光。希尔顿人的微笑使得自身的事业迈入了黄金时代。

直至今天，每当希尔顿在世界各地的饭店视察时，总会问员工："今天，你对顾客微笑了吗？"

无论何时何地，在人之间，简单的一个微笑是极为普及的语言，它能够消除人之间的隔阂，人之间的最短距离便是一个可以分享的微笑。有人说，如果你长得不漂亮，那么就让自己有才华，如果才华也没有就让自己微笑吧！任何人都难拒绝别人的笑脸。

如果以前，你爱抱怨、发牢骚、怒气冲冲地看待这个世界，浪费了许多与人交往的机会，包括那些本可以在微笑面前敞开的大门，和那些原本可以被善意的微笑打动而伸出的援助之手。那么现在你就应该开始学习微笑这项伟大的生活艺术，不要等到为时已晚的时候再追悔莫及。让我们来看看一个顿然开悟的男人是如何学会微笑的。

严浩陪太太从医院的大门走出来的那一刻，他满脑子都只有一个想法：从这一秒开始，我一定要做一个爱妻子的好丈夫和爱孩子的好父亲，真心地体贴他们，无条件地爱他们。到底是什么原因让向来只关心自己生意的他会有这种想法呢？其实并不是因为他的太太得了什么不治之症，而是他在等待太太检查身体的那十几分钟的时间里遇到了一对夫妻，妻子已经快走到了生命的尽头，他们仍旧依依不舍地从嘴角边流露出一丝微笑，这给严浩很深的触动。曾几何时，这样的微笑早已离严浩的家庭远去了。

严浩责备着自己："我是一个自私的丈夫，我与太太的爱已经因为不够体贴、不够重视而逐渐地退了色。在许多小地方我的确是这样：一进门就甩了鞋倒在沙发上，面无表情地看着太太在厨房中被油烟熏烤；为了一点琐碎的事情就责骂她；她买了件新衣服穿给我看的时候，我只会敷衍地说句还好；当太太忍着委屈对我笑的时候，我还是一脸阴沉地干着手头的工作……好像已经很久没有对太太露出过笑脸了。"

严浩生意上的不如意使他太太成了出气筒。当他决心改变这一切的时候，才发现原来只需要露出一个简单的微笑，便能够化解太太心中的委屈和不满。

他将太太送回到家中的时候，他没有像往常一样扔下她一个人走掉。他满脸歉意地微笑着说："亲爱的，你在家好好休息，今天晚上我为你做一顿丰盛的饭菜。我现在公司有事情，必须要赶回去，你可以理解我吗？"

严浩的太太满脸惊讶："老公，你笑了，我有好久没有看到你的笑容了！"太太噙满泪水的双眼变得模糊起来。严浩将太太轻轻抱住："对不起，是我太疏忽了，以前我没有注意你的感受，以后再也不像从前那样对你了，我要每天都用阳光般的笑脸对着你，相信我！"

太太尽情地享受着这许久未曾有过的幸福，她真想一直这样偎依在丈夫的怀中，等她回过神来催老公回公司的时候，严浩笑着说："有什么事情比陪伴自己的妻子更重要呢？"

严浩的太太忽然哀伤起来，声调有些凄惨地说："老公，告诉我实话，是不是刚才医生和你说了什么？难道我的病已经到了不可救药的地步？"

严浩明白太太对自己突然转变有些不习惯，所以才会认为是因为她身体出现了严重的问题。他微笑着深情地望着妻子："不，亲爱的，你的健康没有问题，是我过去对你的态度有问题，以后我要好好对你！"

一个温暖的笑容挽救了家庭，融化了妻子心中的寒冰，也挽救了严浩自己。

有人说过这样的话，寒冬里那温馨的微笑，你就是拿整个春天来换，我都不给。因此，要记住，微笑，在人脉流通的过程中，绝对是最好的名片。

微笑的力量是无穷的，始终将微笑挂在嘴角的人是最容易接近的，微笑是世界上最美丽的语言。无法找出任何一种东西能够替代微笑的魅力了，就连世上最高贵冷傲的人都会在微笑的力量面前不知所措，那就让我们用微笑去打动每一颗冰冷的心，让他们对你敞开心扉，大家一起分享喜悦，分享人脉资源吧！

温馨小贴士

微笑就像阳光可以温暖人心，微笑就像春风可以抚平伤痕，经常将微笑挂在脸上的人让人觉得很亲近。其实，微笑是人类最基本的动作，它就像一朵刚刚绽放的蓓蕾根植于美好的心灵，微笑中携带着真诚和善良，闪烁着信念和希望，蕴涵着友好和热情，透露着乐观和爽朗。让我们面带微笑与别人交流，让我们通过微笑建立更宽广的人脉桥梁。

幽默可以增加魅力

在人际交往中，机智风趣、诙谐幽默的人会有更多的朋友，谁都不喜欢同那些斤斤计较、郁郁寡欢、言谈乏味的人交往。幽默可以说是一种润滑剂，它使烦恼变为欢畅，使痛苦变成愉快，将尴尬转为融洽，让你牢牢地吸引住对方。

具有幽默感的人往往是乐观主义者，为人处世比较灵活，容易与周围的人建立良好的关系。枯燥的会议因他而活跃；朋友聚会因他而热闹。面对严肃的上司，他出语诙谐，松弛了上级拉长的面孔；面对拘谨的下属，他妙语连珠，缓和其紧张的心情；参加紧张的谈判，在激烈的讨价还价之余，他来点幽默，交易马上顺利达成。这样处处焕发幽默光彩的人，大家都会很喜欢。适当开个小玩笑，给生活增添一道幽默和谐的色彩，人际交往会更愉快。

幽默可以化尴尬为轻松、化被动为主动、扭转不利因素为有利因素。它能够使气氛更加融洽、和谐，能自然地消除陌生人之间的心理障碍，拉近彼此的心理距离。谁都愿意和有幽默感的人轻松相处，而不愿和一个整天板着面孔毫无趣味的人来往。这也证实了幽默是一种生活情趣，能反映一个人的修养和情调。

毛泽东在人际交往中，就常以人们意想不到的幽默打开局面、活跃气氛、沟通思想。

毛泽东十分重视三峡建设。1953 年 2 月 9 日，毛泽东视察长江时，向长江流域规划委员会办公室主任水利专家林一山询问了有关气象、水文和洪水成因等问题后说：“你能不能找一个人代替我当国家主席，我给你当助手，帮你修三峡大坝好不好？”毛泽东的这一幽默，使人感到他对三峡截流的重视与渴望，他心系三峡建设，梦寐以求地向往着“高峡出平湖”的日子。他的话不仅是心愿的表白，而且是一种号召、一种激励。这样的幽默使人感到三峡建设的重要性和紧迫性。

幽默是上等的润滑剂，在全世界有着相同的作用，在国外也有很多典型的例子。一个将军与一个士兵碰杯的时候，那士兵由于紧张，举杯时用力过猛，竟把一杯酒泼到了将军的头上。士兵吓坏了，可老将军却用手擦了擦头顶的酒笑了笑说：“小伙子，你以为用酒就可以治好我的秃顶啊，我可没听说过这个药方啊！”说得大家哈哈大笑。如此尴尬的事只要幽默一把，气氛立刻变得轻松起来，人们从凝固的空气中摆脱出来，体会到的却是幽默豁达的意味。

马克·吐温便是深懂幽默之人。有一次，他要去一个小城，临行前别人告诉他，那里的蚊子特别厉害。到了之后，正当他在旅店登记房间时，一只蚊子在马克·吐温眼前盘旋，这使职员尴尬万分。马克·吐温却满不在乎地说：“贵地的蚊子比传说中的不知要聪明多少倍，它竟会预先看好我的房间号，以便夜晚光顾，饱餐一顿。”一句话逗得服务员笑出声来。结果这一夜马克·吐温睡得特别香。原来，当天晚上旅馆全体职员一起出动驱赶蚊子，免得这位受人欢迎的大作家遭受蚊虫叮咬。幽默不仅使马克·吐温拥有了一群诚挚的朋友，也得到陌生人的“特别关照”。

对于男性来说，幽默是增加自身魅力的重要手段，也是缩短与女性心理距离的好方法。有句话是这么说的：如果你能让一个女人连续笑三次，那么她对你的防范之心就会减少很多。这句话的确很有道理，女人面露微笑时无形中将自己内心的紧张情绪释放掉了，这样就可以暂时缓解因陌生而产生的心理压力。

男人要想和比自己年龄大许多或小许多的女人相处融洽，适度幽默感是必需的。特别是含蓄的两性幽默，在特定场合作用更大。男女之间，如果不太熟悉了解，是不可以乱开玩笑的。但幽默是没有性别界限的。

对演讲者来说，若是居高临下地板着面孔，与听众的感情就难以沟通。反之，一开始便对等地、谈话式地来个幽默，就能拉近与听众之间的距离。

新学期开始，某大学生物系举办迎新晚会，作为系主任的著名植物分类学教授一上台就说："生物学，过去大家认为就是采标本、捕蝴蝶，不懂的还以为这是一种高级休闲课程呢。"两句话，惹得大家都笑起来，气氛一下子活跃起来。

现在你已经知道了，当演讲气氛紧张或演讲者与听众尚未完全沟通时，适当地幽默可消除紧张。在社交场合和不太熟悉的人闲谈时，适当地幽默会让交谈变得轻松愉快。那么该怎样培养幽默感呢？

幽默和个人的性格以及学识有关，要想让自己能够在需要时幽默起来，平时就要多观察生活中的细枝末节，多看笑话、喜剧片、相声小品，或是多看名人逸事中的幽默并记住适合自己的那些语句，下面让我们具体了解幽默的技巧。

豁达自信，自我解嘲是一门艺术。在日常生活中，谁都有缺点失误，遇到尴尬的处境，一般人往往都喜欢遮遮掩掩或极力辩解。其实与其越描越黑，还不如自我解嘲一下，使失衡的心理得到平衡。

之所以要解嘲，是因为已经丢了一部分脸面。自我解嘲有为别人代劳的作用，既然自己已经自觉把脸丢了，别人就没有必要再让你丢脸了。而且通过自我解嘲可以使人们忽视原来丢的那些脸面，从而部分地挽回自己已丢的脸面。

据说，新中国成立前上海有位大学教授叫姚明晖，他身体瘦弱却总是穿着宽大的袍子。到了冬天天气变冷，姚教授头上带个大帽子，从远处看去只露出一副眼镜、一个尖尖的鼻子、一撮翘翘的山羊胡须，十分滑稽。

一天上课，姚教授穿着和平时一样的装束走进教室。只见黑板上不知哪个调皮的学生用漫画笔法赫然画了一只人面猫头鹰。而人面画得活像这位满腹经纶的老教授。姚教授站在黑板前看了一会儿，脸上毫无愠色。他拿起一支粉笔，一本正经地在漫画旁写上“此乃姚明晖教授之容也”。写完之后，大家都笑了。姚先生也笑了。那位提心吊胆的漫画“作者”舒了一口气，对教授产生了高山仰止的敬意。

在与人交谈中，当你陷入尴尬的境地时，借助自嘲能使你体面地脱身。自嘲要求你具备豁达、乐观、超脱的心态和胸怀，同时，你应是一个自信的人。因为，只有足够自信的人才能够拿自身的失误、不足甚至心理缺陷来“开涮”，对自己的瑕疵不予遮掩，反将它放大、夸张，最后巧妙地引申发挥、自圆其说，博得众人一笑。

自我解嘲的好处有两个：一为化解尴尬，一为反戈一击。总之，自我解嘲是充满幽默感的一种表现，在生活中起积极的作用。

适度地调侃，可以活跃气氛。真正的高手总能运用自己的聪明才智，及时而巧妙地化解不愉快的场面，而使那些原本不妙的事变得别有情趣。

不如意事常八九，若只是唉声叹气，生活必然一片灰暗，生活态度太严肃，难免太沉重。若是换一种心态，调侃一下生活，就会充满希望和快乐。这种人大智若愚，充满了人格魅力，现实生活中会得到众多朋友，因此，成功的机会自然比一般人多。

适可而止，调侃也需要有个度，调侃自己可以肆无忌惮，但用在别人身上就要注意分寸了。也就是说，无论我们的玩笑是什么，对方不能接受那就是不合时宜。入乡随俗、因人而异是诙谐、调侃的重要原则。我们调侃的目的在于活跃气氛，不可适得其反。

先顺后逆，巧妙反驳，也是一种幽默艺术。所谓先顺后逆是指先顺承对方的意思，对对方所说的话加以肯定，然后急转直下，说出相反或不同的观念。从兵法上来讲，这种说法的技巧是借敌力为我力，引诱对方走向荒谬。然后，出其不意突然逆转，集中力量杀回马枪，使对方晕头转向，无以应对。但这不在于力量的强弱，而在于把握时机，时机把握准了，即可达到“四两拨千斤”的效果。

隐含判断，亦可韵味无穷，妙就妙在它不是一览无余，而是给人留下思考的空间，这个空间里趣味无穷，机锋无限。说话时出于技巧和内容的需要，有时故意不把要表述的观点直接表达出来，而是隐蔽地蕴涵在另一个似乎无关的观点中，让对方经过思考，悟出你所要表达的意思。

例如，有一对夫妇吵得很凶，吵到后来丈夫觉得后悔，就把妻子带到窗前，去看一副不常见的景象——两匹马正拖着一车干草往山上爬。

丈夫问：“为什么我们不能像两匹马那样一起拉车？”太太回答说，“因为我们两个当中有一个驴子。”

出人意料，妙语成趣，亦是一项幽默表达的艺术。人们在听话的时候，都有一种心理预测，你说上一句，他心里已经在预测你下一句要说什么。如果所讲的“不出所料”，人们会感到平淡无奇，索然无味；如果所讲的“出乎意料”，并令其感到新鲜奇妙，幽默感便应“话”而生了。

温馨小贴士

有人说你是个好人这很平常，说你是个有趣的人就很了不起了，这里的有趣就是指具有幽默感。一个具有幽默感的人总能化解尴尬沉闷的气氛，总是通过自己的言行将轻松快乐传递给别人。所以幽默是一种智慧；幽默是一种才华；幽默是增添自己魅力的砝码；幽默是聚集人脉的有力武器；幽默也是成就人生的一个因子。所以我们要有意识地运用幽默的艺术为我们的生活增加色彩。

忍耐也是一种本领

能否忍耐是检验一个人是否有毅力的标准。无论做任何事情只有用足够的耐心把事情做踏实了，把基础打扎实了，才能更有信心把事情做好。不要梦想着一夜就功成名就，"水滴石穿"的道理同样适合于人际交往方面。要想编织优良高效的人脉网络，就必须要有耐心，把经营人脉当成一项持久长远的事来抓，从生活中的小事做起，让忍耐成为自己的一种本领。

北宋大文学家苏洵年轻时，读书不努力，糊里糊涂得过且过。直到 27 岁方有觉悟，发奋学习。宋仁宗嘉祐年间，他带儿子苏轼、苏辙，经过长途跋涉来到京师开封。由于他有较强的忍耐力，结识了翰林院学士欧阳修，并得到举荐。欧阳修把他的22 篇作品呈上朝廷，苏洵的才华立刻得到朝廷的肯定。宰相韩琦见他的文章写得好，上奏皇帝，召试舍人院，苏洵推病不愿应试。后来又任命他为秘书省校书郎。这时他已经年过 50 了。这就是因为能够在困境中忍耐，所以才等来事业成功。

明朝的李贽，从小家境贫寒，青年时代在颠沛流离中度过，立志著书时已经 54 岁了，他的名著《焚书》和《藏书》是在 60 岁后完成的。近代画坛巨匠齐白石 30 岁才开始学画，后来成了享誉海内外的著名画家。

有些成功人士是大器晚成。这些人如果没有足够的耐心，是无法取得成功的。

俗话说：千里之行，始于足下；九层之台，起于垒土。任何一个大目标，都是由完成一个又一个的小目标实现的。而为成功而奋斗的道路上充满了挫折、布满了荆棘，需要我们有足够的忍耐力量和百折不挠的恒心。这个过程也是我们结交朋友积累人脉的过程。冰冻三尺非一日之寒，庞大的人脉网也不是一天就可以建成的。

美国有一位年轻人，在一无所有时，仍然毫不动摇地坚持着自己心中的梦想，他想做演员、拍电影、当明星。他为实现梦想尝试着去结交电影界的朋友。刚开始总是碰壁，别人认为像他这样的人想当明星简直是痴人说梦。但是这些冷水并没有熄灭他心中火热的追求。

当时，好莱坞共有500家电影公司，每一家的概况他都了解，了解这些信息的渠道就是通过朋友。获得信息的目的是要利用，他根据自己认真规划的路线与排列好的名单顺序，带着自己量身订做的剧本一一拜访。第一遍下来，所拜访的500家电影公司没有一家愿意聘用他。面对百分之百的拒绝，他没有灰心。从最后一家被拒绝的电影公司出来之后，他又从第一家开始第二轮拜访和自我推荐。

在第二轮的拜访中，500家电影公司依然拒绝了他； 第三轮的拜访仍然与第二轮相同。这位年轻人咬牙开始第四轮拜访，当拜访完第349家后，第350家电影公司的老板破天荒地答应愿意让他留下剧本看一看。

几天后，年轻人获得通知，请他前去详细商谈，就在这次商谈中，这家公司决定投资开拍这部电影，并请这位年轻人担任自己所写剧本中的男主角。这部电影名叫《洛奇》。年轻人的名字叫史泰龙。现在翻开电影史，电影《洛奇》与这个日后红遍全球的巨星皆榜上有名。

在人生道路上，既然注定我们要经历许多艰难，那么与其烦恼，不如坚定地告诉自己："黑暗不是我的人生。我只是在经历黑暗。”我们可以没有让旁人惊羡的姿容，也可以在经济上忍受“缺银少金”的日子，甚至可以长时间渺小如蚂蚁一般，不为四周人关注，这些都不是最可怕的事情。最可怕的是你忍耐不了这个漫长的过程、忍耐不了别人的否定和冷落。

人的一生只是一个“不断到达”的过程，所有想要的东西，都不会立刻如愿呈现。我们在生活中除了努力再努力，还必须学会创造、等待一些慢慢舒展开来的温柔，你只是在经历黑暗，不管境遇怎样，竭力不让梦想搁浅和退色，才是我们应该做的事情。人生中每个人都有一张等价值的车票，并有权决定这张车票的旅程，虽然都有同样的起点，但并不有同样的终点。只要我们坚持向目标前进，并忍耐这个过程中的不如意，那么总有一天会满载而归。

苏武牧羊的故事感动着许多中华儿女。当时苏武置身匈奴虎口险境，匈奴人对他威逼利诱劝他投降，苏武宁死不屈。他们用高官厚禄引诱苏武投降，苏武忍受住了权力和财富的诱惑；他们将苏武扔到地窖里，苏武忍受了饥饿与寒冷的考验；他们最后将苏武投放在荒无人烟、冰天雪地的塞外去牧羊，苏武忍受了饥寒与孤独的煎熬。他在环境恶劣的异地持节与羊群一起生活了19年才回到中原。出使匈奴时他是一个意气风发的小伙子，回归中原的时候已经成为白发苍苍的老人了。

他回到中原得到了朝廷的重赏，成为朝中德高望重大臣。当大家对苏武的荣耀赞叹不已的时候是否想到他经受的种种苦难呢？若不是他忍受了重重磨难，就不会在种种折磨之下坚持气节，若不是忍受了长年累月的痛苦，就不会等到持节返朝的机会。因为具有忍耐的精神，坚持住了原则，而得到了成功。

忍耐是成功者必备的素质，能够忍耐痛苦才能等到成功的机会并及时把握，经历过磨难的洗礼会变得更加坚强。在生活中能够忍耐苦难是一个人成熟的标志，没有经历过磨难不能忍受挫折的人是幼稚的、善变的。

忍耐可以使人心胸更宽广，更加理性地对待自己遇到的各种事情。忍耐可以使更多的人肯定你，赢得更多的机会和人脉资源。

温馨小贴士

俗话说“忍字头上一把刀”，刀扎在心上的感觉是痛苦的，所以忍耐也是很痛苦的事情，需要有很强毅力才能支撑住。人生不可能是一帆风顺，一旦遇到挫折和逆境，如果没有忍耐力就坚持不了自己的立场，就会对自己的决定产生怀疑甚至动摇，所以说，忍耐是战胜困难的耐力，是捍卫理想的恒心。为了生活的幸福忍耐一下辛苦，为了事业的成功忍耐一下压力，为了团结和气忍耐一下别人的不足，为了聚集人脉忍耐一下心头的怒气，都是必需的。

体态语言很重要

我们平常说话常借助手势、体态、面部表情等以辅助表达，它是被赋予特定的意义后被固定了的，是约定俗成的。它受民族、地域、文化背景等影响。说话者应该准确掌握体态语言，明确其适用场合和范围。

体态语在交际中主要承担着辅助口语、表现情感、显示气质等作用，它不仅帮助我们准确表达意思，而且让我们的良好形象如同塑像一般印在听话者的心中。

体态语有双重性，它不仅包括神情而且包括动作。“察言观色”中的“色”就是神态表情。

只有把体态语恰如其分地运用到话语的表达之中，两者相提相携，说话才最有效。

手势在体态语中扮演着很重要的角色。通过完整系统的手势，完全可以把相关的思想和情感表达清楚。

手是相当灵活和灵敏的器官，通过大脑的支配，能够把动作做得比较细致精密，可表达细腻而复杂的情感和思想。手势语对于语言的补充、说明、暗示作用在相应的语言环境里能达到相当好的效果。说话辅以手势，会使表达更完善。

在长期的历史过程中，在不同的文化背景下，手势已经有了特定的意义，它所表达的意思也是多种多样的，这要在生活中不断地积累掌握。它主要包括握手、拱手、招手、挥手、摆手、伸出手臂和手指、拥抱等，它们都是具有特定的含义。现在的手势语已经脱去了古代那种等级的封建色彩,成为一种单纯交流的无声语言,起着表情达意的作用。

手势是形体语言中最复杂,表意最多的一种,要想真正掌握它,要有专门研究。但在平时说话时,适当运用一些较为典型的手势,恰如其分地表达自己的意思就够了。手势不可用得过多,过犹不及。

使用手势时,应该使用比较规范的积极的那些,以防影响说话的效果。说话没有表情就像唱歌没有伴奏。表情能够充分地表达你的喜怒哀乐等情感,它是指面部表情,即脸面各部位对情感体验的反映。表情和说话几乎是同步的,因此,它的使用频率要比任何形体语言要高,表情能够有效地补充话语所不能表达的内容。

说话者一定要注意表情。如果说话时动作表情不恰当或者根本没有动作和表情就会影响说话效果。没有谁会愿意听没有表情的说话者的言语。

常见的面部表情及含义如下:点头表示赞成同意、肯定;摇头表示拒绝否定;把头歪向一边表示怀疑、倾听、不服;昂首挺胸表示骄傲、自信、不屈;垂头表示沮丧、屈服、没精神;咬住下唇表示坚决;撇嘴表示不屑、藐视;嘴角向上挑表示愉快;咬牙切齿表示愤怒;眉飞色舞表示得意;目瞪口呆表示惊讶;皱眉表示难堪、难受、痛苦。

笑是表情里内涵最丰富的:冷笑、讽笑、狂笑、狞笑、微笑、大笑,它与多种意思结合。用在不同的场合不同的语境中表达不同的意思。

微笑是最有“笑缘”的,微笑表示友好,令人愉快。没有人会拒绝微笑,微笑是人间最美丽的花,它似天使一般圣洁,没有什么可以让它枯萎。

没有表情是最复杂的表情,是情感的最高层次,它高深莫测,因为它和城府深联系在一起。这种表情出现在头脑冷静、考虑问题深远者的脸上。

眼神也属于神态，眼睛是心灵的窗户，透过眼睛可以知道听话者的内心活动，听话者的心境和情感倾向，是我们说话的依据。眼睛能够通过瞳孔的放大与缩小，将情感里的喜怒哀乐表达给对方。比如恋爱时，一双含情脉脉的眼睛胜过任何有声的语言。眼神是语言交际里不可或缺的帮手。

眼睛的瞳孔放大表示兴奋、快乐、喜欢、热爱等；瞳孔缩小表示沮丧、悲伤、焦虑、愤怒等。眼神能惟妙惟肖地将人的喜怒哀乐、好恶爱憎等情感表现出来。

说话注视对方的眼神有两个作用：一是可以给对方以自信；二是可以使自己的谈话富有亲近感。

说话时所采取的姿势是说话者的知识和涵养的体现，传达了一定的信息。站有站相，坐有坐相说的是姿势的规范，也是一种语言。但在比较宽松的谈话场合，比方说家人聊天，朋友聚会等，要求则不那么严格，不失礼节就行。

形体语言女性运用时一定要慎重，以防影响自己的形象。女性说话时一般双膝靠拢，两脚分开。对男性说话者，虽然宽松一些，但也应该注意。年轻人说话时不能太随便，不然会让听话者不悦，你的说话效果就差。一般来讲要给人一种朝气蓬勃，精神焕发，从容不迫的感觉。端坐，两腿要叉开，间距不超过肩宽，腰板挺直，两手护膝。

在与人交谈时，尽量避免不规范、不庄重的体态语。不庄重的体态语会影响说话者的形象。

说话者与听话者间的距离也有一定的讲究。距离表明两个人的亲疏关系，也属于体态语言。说话时，一定要根据听话者和自己的关系进行界定，否则会让听话者感到不悦和误解，而影响说话效果。

沉默也是一种语言，它有时是体态语的相互交流，有时是单纯的沉默。沉默是很有杀伤力的语言，会让人感到说话的气势，它是一种说话的技巧。

言语的表达和体态语的应用，前者指言传，后者指意会。说话者将两者有机结合起来，使意会对言传起有效的补充、说明的作用，把自己的意思传达给对方，这就是最有效的说话方式。

温馨小贴士

人际交流是人与人之间的信息传递，体态语言是语言交流的辅助工具，但它却发挥着话语表达无法替代的作用。体态语言又被称为视觉沟通，一个表情一个动作都可以影响沟通的效果，在沟通中，体态语言占55%的信息量，它包括目光、身体姿势、手势动作及面部表情。巧妙运用体态语言会使沟通能力提高到一个新的水平，从而在积累人脉中发挥更大的作用。

给别人留足面子

人要面子树要皮。人在社会上发展，要扮演各种角色，特别是在互相的交往中，需要一定的尊严支撑，这是人性的特点，也是人性的弱点。明白了这点，才能体会到“敬”的必要性，才能利用“敬”的功夫在人群中游刃有余。

在社会上做事切记“开口莫说人是非”，做事尽量顾及他人感受，特别对自己的上司，应心存敬意，领导最忌讳下属议论自己，如果知道关于公司的一些隐情请替上司保密。

俗话说：打人莫打脸，骂人莫揭短。在中国，“面子”是很重要的，人们为了面子，小则翻脸，大则会闹出人命。中国人可以吃暗亏，也可以吃明亏，但不能吃“没有面子”的哑巴亏。如果你不顾别人的面子，也会使自己丢掉面子，因此，成熟的人从不轻易在公开场合说别人尤其是上司的坏话，宁可高帽子一顶顶地送。保住了别人的面子，别人也会给你面子，彼此心照不宣。

被击中痛处，任何人都难受难堪。尤其不能用侮辱性语言攻击他人身上的缺陷。在中国古代，有所谓“逆鳞”之说，据说在龙的喉部以下的部位有“逆鳞”，如果不小心触摸到这一部位，会被激怒的龙所杀。事实上，无论人格多么高尚的人，身上都有“逆鳞”存在，一旦触犯别人的“逆鳞”就会惹祸上身。所谓“逆鳞”就是我们所说的“痛处”。

明太祖朱元璋出身寒微，做了皇帝后自然少不了有昔日的穷哥们儿到京城找他。这些人满以为朱元璋会念在老朋友的情分上给他们谋点好处。谁知朱元璋最忌讳别人揭他的老底,因此对来访者大都拒而不见。

朱元璋儿时的一位好友,千里迢迢从老家凤阳赶到南京,几经周折才算进了皇宫。一见面,这位老兄便当着文武百官大叫大嚷起来:"朱老四,你当了皇帝可真威风呀!还认得我吗?当年咱俩一块儿光着屁股玩耍,你干了坏事总是让我替你挨打。记得有一次咱俩一块偷豆子吃,瞒着大人用破瓦罐煮。豆子还没煮熟你就先抢起来,结果把瓦罐打烂了,豆子撒了一地。你吃得太急,豆子卡在喉咙里还是我帮你弄出来的。你忘了吗?"

这位老兄不知趣地唠叨个没完。朱元璋再也坐不住了,盛怒之下,下令把这个穷哥们儿杀了。

"为尊者讳",这是官场的规矩。一个人,无论他原来的出身多么低贱,有过多么不光彩的经历,一旦当上了大官,身上便罩上了灵光,变得神圣起来。往昔那见不得人的一切,要么一笔勾销,永不许再提;要么重新改造,重新解释,赋予新的含义。这位穷哥们儿哪懂得这一点,自以为与朱元璋有旧交,居然当众揭皇帝的老底,触了"逆鳞",岂不是自找倒霉吗?

朱元璋原本是泥腿子出身,早年当过和尚,后来又参加过推翻元朝统治的红巾军起义。这些经历在朱元璋看来都是卑微的。朱元璋因当过和尚,对"光""秃"一类的字眼十分忌讳;因红巾军被统治者说成是"贼""寇"之类的组织,朱元璋便对些字眼也极为反感。最具有代表性的例子是,杭州徐一在《贺表》里写了"光天之下,天生圣人,为世作则"几个字,朱元璋读了勃然大怒,说:"生者僧也,骂我当过和尚。光是削发,说我是秃子。则者近贼,骂我做过贼。"于是,立即下令把徐一处死。洪武年间,大兴文字狱,唯一幸免的文人是翰林院编修张某。他在作贺表文里有"天下有道""万寿无疆"两句话,朱元璋看了发怒说:"这老儿竟骂我是强盗呢!"差人逮来当面审讯。张某说:"天下有道是孔子说的,万寿无疆出自诗经，说臣诽谤不过如此。”朱元璋被顶住了，无话可说，想了半天才说：“这老儿还这般嘴硬，放掉罢。”左右侍臣私下议论：“几年来才见饶了这一个人。”

在日常生活中，要谨慎处理与上司的关系，最要紧的一点是千万不要伤害上司的尊严，同时注意替上司保守秘密。

在失意者面前不谈得意事，“木秀于林，风必摧之”，失意时敬人，得意时更要敬人。只有尊敬别人才能得到别人的尊敬。

有一次，钱进约了几个朋友来家里吃饭，这些朋友彼此都很熟识。他把大家约来主要是想借着热闹的气氛让一位目前正陷于低潮的朋友心情好一些。

这位朋友不久前因经营不善关闭了一家公司，妻子也因为不堪生活的压力正与他谈离婚的事。内外交迫，他痛苦极了。

来吃饭的朋友都知道这位朋友目前的遭遇，大家都避免去谈与事业有关的事。可是其中一位目前发了大财，酒一下肚忍不住就开始谈他的赚钱本领和花钱功夫，那种得意的神情让大家看了都有些不舒服。那位失意的朋友低头不语，脸色非常难看，一会儿去上厕所，一会儿去洗脸，后来还是提早离开了。

他出门送朋友离开，走在巷口时那位失意的朋友愤愤地说：“老吴有本事赚钱也不必在我面前吹嘘嘛！”

他非常了解朋友的心情，因为在十年前他也有过低潮期，当时正风光的亲戚在他面前炫耀薪水如何高，年终奖金如何多，那种感受就如同把针一支支插在心上一般，说有多难过就有多难过。

后来，大家谈起那位曾在众人面前谈论得意之事的朋友时，那位失意的朋友就闷声不语，后来才知道，他们再也没有来往过。因此提醒大家，与人相处请切记：不要在失意者面前谈论你的得意。

一般来说，失意的人表现为郁郁寡欢，不会有较强攻击性。然而在听你谈论了你的得意后，一般会产生忌恨心理。你说得唾沫横飞，不知不觉已在失意者心中埋下了一颗炸弹，这就为你们的关系埋下了隐患。最明显的表现就是疏远你，避免和你碰面，以免再听你的得意之事，于是你不知不觉就失去了一个朋友。

所以，当你有了得意之事，不管是升了官，发了财，切忌在正失意的人面前谈论，如果不知道某人正在失意也就算了，如果知道，绝对不要开口。

不过有一点你必须注意，就算在座没有正失意的人，但总也有景况不如你的人，你的得意还是有可能让他们反感。人总是有忌妒心的，得意时就少说话，这样既敬人又敬己。

温馨小贴士

关于面子大家并不陌生，因为人们都会极力维护自己的面子，丢面子是极不光彩的事情。面子就是尊严，是一个人之所以为人的标志。既然面子对人们如此重要，我们就应该学会给别人留足面子，只有这样才能帮自己挣足面子。中国自古就是礼仪之邦，中国人尤其看重面子，常常为了挣回面子而为小事大动干戈。所以为了避免惹是生非，为了人脉网最大化，时刻记着为别人留足面子。

信任是一个人的通行证

信任是指在人际交往中，彼此能够履行被托付义务及责任的一种保障。在人际交往中，信任被视为一个人为人处世的标签，是对一个人人品的肯定。信任的进展是随着人际关系的发展而来的，而人际关系的进展又是在双方相互表达了自己的诚意后才逐渐深入的。这反映了人际关系与人际信任的辩证关系。

人人都需要被别人信任，信任才是人脉课程的重点。朋友间有了裂痕就需要用真诚来弥合，真正的朋友是一个人一生中极为重要的财富，信任是伸向失望的一双手，请不要因为偶尔的过错就丧失了对朋友的信任。

对于持久的人际关系，倘若没有真诚的品德作为基础，功利动机便会浮现，一时的成功便难以为继。

人际关系恰似一个立体的网络，又像一个蜘蛛网，哪怕在风起时断掉许多丝线，但随着新的关系不断建立，蛛网仍然能很好。真正的危机不是背叛，而是新联系创建的速度跟不上关系断裂的速度。

关系是因为信任而存在，只有信任才会呵护人之间的关系。每个人都希望获得他人的信任，否则会心里不安。要获得别人的信任，先做个值得别人信任的人，对别人猜疑的人是难以获得别人的信任的。

在这个以合作为事业生命的社会中，信任就是协作关系的黏合剂，没有信任，协作便无从谈起。在生活中，信任是友谊的基础。它可以使每个人对团体产生归属感,以团体为家,以团体为荣,就会“有福同享,有难同当”。在生活与工作中是离不开信任的,信任比强制有着更强的激励作用,自古就有“士为知己者死”的说法,这也是一种信任。

在一个单位里,缺少信任,人就会产生心理上的不安全感,会紧张,最终会影响心理健康。信任可以自发形成一些良好规范,制约大家的行为,相互理解,相互帮助。

公元前4世纪,意大利有一个叫皮斯阿司的年轻人触犯了国王,被判处死刑。皮斯阿司是一个孝子,在临死之前他希望能与远在百里之外的母亲见最后一面,为不能给母亲养老送终表达歉意。国王被他的孝心感动,决定让他回家与母亲相见,但前提是他找到一个替他坐牢的人。这个条件几乎不可能实现。有谁愿意拿自己的生命来开玩笑呢?但就是有人不怕死,挺身而出替别人坐牢,这个人就是他的朋友达蒙。

达蒙住进牢房后,皮斯阿司回家与母亲诀别。人们都静静地看着事态的发展。时间飞速过去了,皮斯阿司一直没有回来。眼看着刑期来临,皮斯阿司也没有回来的迹象。人们议论纷纷都说达蒙上了皮斯阿司的当。

行刑日是个雨天,达蒙被押赴刑场时,围观的人都在笑他愚不可及。但刑车上的达蒙不但毫不畏惧,反而有慷慨赴死的豪情,他坚信朋友不会骗他。

追魂炮被点燃了,绞索也挂在了达蒙的脖子上。有胆小的人吓得紧闭了双眼,他们为达蒙惋惜,并痛恨那个出卖朋友的小人皮斯阿司。

就在这危急时刻,在风雨中,皮斯阿司飞奔回来,他高喊着:“我回来了,我回来了!”

这个情景令所有在场的人感动。这个消息也传到了国王的耳中。国王听到这个消息以为是痴人说梦,于是亲自赶到刑场发现果然如此，他赶紧让人给皮斯阿司松绑，并赦免了他的罪。这个故事在世界上广为传颂。我们不得不承认：真正的朋友间需要的，就是生死可以互换的信任。

1944 年的圣诞夜，两个迷路的美国大兵拖了一个受了伤的兄弟在风雪中敲响了德国西南边境亚尔丁森林中一栋小木屋的门，小木屋的主人是一个善良的德国女人，她轻轻拉开了门插销。家的温暖在一瞬间拥抱了三个又冷又饿的美国大兵。女主人有条不紊地准备着圣诞晚餐，没有丝毫的慌乱与不安，没有丝毫的警惕与敌意。因为她相信自己的直觉：他们只是战场上的敌人不是生活中的坏人。美国大兵静静坐在炉边烤火，除了燃烧的木柴偶尔发出一两声脆响外，静得几乎可以听到雪花落地的声音。

正在这时候，门再一次被敲响了。站在满心欢喜的女主人面前的是四个同样疲惫不堪的德国士兵。女主人同样用西方人特有的方式告诉他的同胞，这里面有几个特殊的客人。今夜，在这个弥漫着圣诞气息的小木屋里，不知道要发生什么事情。

在女主人的要求下，德国士兵垂下枪口，依次进入小木屋，并且顺从地把枪放在墙角。于是 1944 年的圣诞烛火见证了或许是“二战”史上最为奇特的一幕：一名德国士兵慢慢蹲下身去，为一名年轻的美国士兵检查腿上的伤口，而后扭过头向自己的上司急速地诉说着什么。

人性中善良温情的一面决定了他们的感觉是奇妙而美好的，没有人担心会把自己当成邀功请赏的俘虏。第二天，睡梦中醒来的士兵们在同一张地图上指点着寻找回到己方阵地的最佳路线，最后握手告别，沿着相反的方向走去。

这个故事说明了信任可以跨越国度，可以化解仇恨，可以让生死相残的双方成为朋友。

信任是生活园地长出的一棵常青树，站在这棵大树下，人的心灵被生命的绿茵滋润着，感到心与心之间原来并没有遥远的距离，它是这样可亲可敬，便绝不愿意践踏这样一份美好。

信任你的朋友，你的朋友也会同样信任你，有多少人信任你，你就拥有多少成功的机会。“信”究竟是什么呢？信是一种人格力量，是超越金钱的友情，是了解、是欣赏、是无言的支持。

说话要注意分寸，办事要量力而行。为人处世，信守诺言是非常重要的。那些受欢迎的人，常用各种不同的方式把他们的特点展现在人们面前，其中最显著的特点便是任何时候都守信、遵约。

守信，是中华民族的优秀文化传统，自古以来，中国人就重诺守信。清代顾炎武曾赋诗言志：“生来一诺比黄金，哪肯风尘负此心。”表达了自己坚守信用的处世态度和内在品格。可以说，中国人历来把守信作为为人处世的基本要求。

东汉时，汝南郡的张劭和山阳郡的范式同在京城洛阳读书，学业结束，他们分别的时候，张劭站在路口，望着天空的大雁说：“今日一别，不知何年才能见面！”说着，流下泪来。范式拉着张劭的手，劝解道：“兄弟，不要伤悲。两年后的秋天，我一定去你家拜望老人，同你聚会。”

两年后的秋天，张劭突然听见天空一声雁叫，牵动了情思，不由自言自语地说：“他快来了。”说完赶紧回到屋里，对母亲说：“妈妈，刚才我听见天空雁叫，范式快来了，我们准备准备吧！”“傻孩子，山阳郡离这里一千多里路，范式怎会来呢？”他妈妈不相信，摇头叹息，“一千多里路啊！”张劭说：“范式为人正直、诚恳、极守信用，不会不来。”老妈妈只好说：“好好，他会来，我去备点酒。”其实，老人并不相信，只是怕儿子伤心，宽慰儿子而已。

约定的日期到了，范式果然风尘仆仆地赶来了。旧友重逢，格外高兴。老妈妈激动得站在一旁直抹眼泪，感叹地说：“天下真有这么讲信用的朋友！”范式重信守诺的故事一直被后人传为佳话。

在现实生活中讲信用，守信义是立身处世之道，是高尚的品质和情操，它既体现了对人的尊敬，也表现了对己的尊重。但是，我们反对那种“言过其实”也反对使人容易“寡信”的“轻诺”；我们更反对“言而无信”“背信弃义”的言行。

人无信不立。做人言而有信，那么做事就有一种人格的力量来担保。

有首诗写道：“千里修书只为墙，让他三尺又何妨。万里长城今犹在，不见当年秦始皇。”这其中包含着一个感人的忍让他人的故事。如果让三尺宽的地方不过是忍小利的话，那么我们来看一件忍大利的故事。在闻名世界的美国纽约自然博物馆里，陈列着一块数百公斤重的紫水晶。关于这个紫水晶，有一个动人的故事。它本是扔在一个美国人院内的一块废石，因主人觉得它有碍观瞻，让人把它移走。在把它向车上搬运时，不小心掉到了地上，摔出了一个缺口，露出里面包着的紫水晶，价值连城的宝物。当主人得知真相后，很平静地说：“这块石头，我本来就是要丢掉的。现在虽然发现它是宝物，想必是上苍的旨意。我一言既出，绝不反悔。我决定不占为已有，而将它送给博物馆，让更多的人来欣赏。”

这里涉及的是一个做人的原则问题。中国有句古语，叫“君子一言，驷马难追”。是说正人君子，要讲信义，不能因任何原因而改变自己的诺言。石头的主人所说的“一言既出，绝不反悔”与中国的这句话含义是一致的，显示出了他的大丈夫本色。宝物贵重，终可用金钱买到，而人格受损，万金难赎。

在做决策的时候，确定的事不能轻易更改，如果轻易更改，就会令你的下属摇摆不定，影响工作效率。长此以往，员工们就会对你不信任，毁掉你的前程。

以前有弄臣取悦皇上，说皇上说话是金口玉言。这虽有阿谀奉承之嫌，但从另一个侧面考虑也有积极的意义，即使皇上不能出尔反尔了，所以，说话之前就得三思。

在这个意义上讲，领导也该“一诺千金”。什么话说出来就不能咽回去，做人的信誉一刻不能丢。口若悬河未必能够承担大任，真正有能力的领导从来不说废话，但一开口能切中要害。他们拒绝草率，力图使任何一句话都具有相应的分量和价值，这是基本的领导素质，不这样就无法取得下属对你的信任，不信任会带来很多负面的连锁反应。

所以，“一言既出，驷马难追”。普通人尚且如此，领导就更应该这样了，特别是在做决策的时候。决策可以说是领导的核心要素，左右着企业的长远发展，所以确定的事不能轻易更改。

温馨小贴士

记得有一句话“信任真是件脆弱的东西，一旦赢得了，会给我们巨大的空间；而一旦失去了，就再难恢复。”所以信任对于人们来说是多么重要，它就像通行证一样，拥有了就可以在与人交往中畅通无阻。一旦失去了信任，就在别人的心里留下了不好的印象，这份信任就再难找回来。为此，我们应该时时守信、事事守信，珍惜已经获得的信任，做一个别人信得过的人。只有这样别人才会放心与你交往，你才可能在交往中获得更多的发展机会。

锣鼓听音，说话听声

俗话说："锣鼓听音，说话听声。"指的是要注意说话方的话外之意。这里所说的话外之意往往是说话人的真实意思。

中国人在讲话的时候注重含蓄，要表达什么意思不会直接说出，而是采取迂回委婉的表达方式。听话人需要细心领悟与揣摩，听不出"弦外之音"的人会被别人轻视嘲笑，被视为智力低下的傻瓜。中国人语言的博大精深全在"弦外之音"上。生活中这样的例子很常见。比如朋友偷吃了你的东西，你发现后很生气，会嚷："是谁吃了我的东西？"朋友一听就知道你生气了，但他会这样说："对不起，我刚才实在是太饿了，有空请你吃饭好吗？"简单的一句话既没有直接说是他偷吃了你的东西，又为他自己挽回了余地，还维持了你们之间的友谊。他说他实在太饿了，弦外之音就是说他吃了你的东西，并希望你能原谅他。

又如夫妻之间，妻子礼拜天要去逛商场买东西，她会这样跟你说："你礼拜天有事吗？我想去商场买些东西。"这时你要理解妻子的用意，她想让你陪她一起去。你若把她的话抛在一边，说你自己的事情，她会很失望。

生活中有大量的话不用直接说出来，从话里带出来就行了，不能直言的意思更得靠暗示来表达。这就要求我们善于听出话外之意、弦外之音，这样才能更好地跟人沟通，在交流时才能更好地把握对方的意思。

第二次世界大战中期，东条英机出任日本首相。这件事情是政府机关严守的秘密,各报记者都很想知道这个消息,于是竭力追逐参加会议的大臣采访,却没有探听到任何蛛丝马迹。

有位记者有心研究了大臣们的心理定式:谁都不会说出由谁出任首相,假如问题提得巧妙,对方会无意中透漏某种迹象。于是,他向一位参加会议的大臣提出一个问题:“出任首相的人是不是秃子?”

当时,日本首相有三名候选人:一个是秃子,一个是满头白发,一个是半秃顶。这个半秃顶的就是东条英机。在这看似无意的闲谈中,大臣没有想到其中暗藏机关,他在听到问题之后,有些犹豫,没有直接回答。聪明的记者从这一瞬间的犹豫就推断出了最后的答案,获得了独家新闻。因为对方停顿下来,肯定是在思考:“半秃顶是否属于秃子?”

多练习“解话”“接话”的功夫,可提高你表达言外之意及倾听言外之音的本领。

在商场上,有时为了达到降低成本的目的,客户会用一些不存在的“实事”来进行试探或胁迫,我们称之为“伪理由”,这时候就看我们的“听力”如何了。

例如对方会说:“在别的经销商那里也有同样的商品,价格要便宜得多!”或“产品是不错,不过我们还要考虑考虑!”或“还有几家供应商也来找过我们。”等。

其实要想知道对方所言是否属实并不困难,只要问的具体一些,对方便开始闪烁其词了,毕竟真的假不了、假的真不了。

在与上级谈话时更要注意,因为领导的语言是最具揣摩性的。

比如你刚到一家公司不久,领导找你谈话:“你到公司不久,工作成绩不错,以后有什么打算呢?”很随便的一句话却含有领导特殊的意图,他是在考察你的工作心态。

你若很坦率地说出自己的志向,领导会认为你过于幼稚缺乏城府；你若大谈自己与公司不相干的事业理想，领导会了解到你眼下只是把公司当成跳板，一旦遇到机会就要远走高飞了，根本没有为公司的长远发展打算。

这时你应该谨慎而言："我只想踏踏实实把眼下的工作做好，至于以后我还需慢慢考虑。"这种含蓄的回答是比较稳妥的。

有些弦外之音我们大家都心照不宣，但另外一些可能你不会太留心。正因为你的疏忽，影响了你的交际能力。所以，在与人交往中，要时时注意留心对方的言外之意。

如果对方眉飞色舞地给你讲述光荣的过去，说明他心里正期待着你的夸奖，所以，只要是认为值得或应该夸奖的，你不妨就夸奖他一下。这样一定能够获得对方的好感。

如果对方向你讲述另外一个人的是非，你千万不要随声附和，也不要直接打断对方的话，聪明人会将话题移开。要懂得闲谈少论他人是非，更要听出他人的话外之音。对方若向你说一个人的过错，不是攻击那个人，就是挑拨你与那人的关系，你千万不要被对方的言语蒙蔽。来说是非者，就是是非人，光明正大的人总是把该说的话放在桌面上去说，而不是在背后说三道四。

与人交谈，要学会听出讥讽、嘲笑、挖苦之类的话外之意。对方之所以会向你说这种话，一定是对你有意见，你的所作所为肯定有令其感到不舒服的地方。遇到这种情况，你不要立刻反驳而是全当没听见，免得与对方发生不必要的冲突。然后，耐心反思自己的言行是不是真的有不恰当之处，还是对方误解了你，亦或是对方无中生有来打趣你。考虑过各种情况，明白原因后再做恰当的回复。如果真的是自己做错了事，对方已为你指出，你该及时纠正，庆幸自己"因祸得福"了。如果对方纯属无事生非，你就可以据理力争维护自己的尊严。

怎样才能准确听出别人的话外音呢？这就需要掌握一些技巧，注意对方体态、动作、语气、神情。当对方谈话的语气突然改变时，你要留意是否有话外之意；对方的某个音调加重时，要仔细揣摩是否有什么意图；对方故意做出暗示的肢体动作或特殊表情时你要明白对方的意思；对方突然停止谈话，你要领会对方的用意；当对方认真地看着你并将一句话重复着说时，一定含有弦外之音了；谈话结束时仔细观察对方有无特殊的举止；散席前对方的最后几句话要特别留心；对方想插话，欲言又止，你结合自己刚才的言语要推断出对方想说什么；当你不经意的言语引起对方注意时，你要做事后分析。对方欲言又止肯定心存顾虑，你若想知道他要说什么就要动脑分析。

人内心的思想，有时会不知不觉从口上流露出来。言谈能告诉你一个人的地位、性格、品质及内心情绪，因此听弦外之音是“察言”的关键。只有正确地“察言”，才能在和他人的交往中把握他的想法，更好地沟通。这是个学问，我们都要好好学习。

如果我们能够耐下心来倾听别人，将会变得更受欢迎。在现实生活中人们更愿意去说而不喜欢听别人说，就像愿意听到别人对自己的夸奖，而不愿意夸奖别人一样。但是换位思考一下就会发现，倾听别人、夸奖别人是与人沟通的上策，也是存储人脉的有效方法。

在沟通交流变得如此重要的今天，鼓励他人畅所欲言就意味着自己能够获取更多的信息。如果我们相信信息就是力量，那么倾听就意味着增添力量。

在倾听别人讲话时，我们越是听得认真并且响应别人，那么他人也就越乐于倾诉和回应我们。别人说话时我们倾注的注意力越多，那么我们说话时别人也就越愿意回报更多的注意力。

与别人交流时要注意把更多的时间给别人，自己做一个忠实听众，而不是机枪扫射一般地诉说自己的事情。说与听要保持适当的比例，才能形成积极的互动。要与谈话对象保持目光接触，表示对交谈者的尊重。在倾听时保持目光接触是向对方表明我们是专心致志的。有的父母对孩子说:“我跟你说话时你要看着我!”那就是我想从别人的目光中估量所说的话产生何种反应。当然注视对方时目光要自然、柔和。

在倾听别人谈话时避免中途打断别人,即使自己对所谈话题不感兴趣,或者急于表达自己的观点,也要克制一下,否则,会让别人感到很没面子,对你产生敌意。

谈话是一门艺术,要深得其中的要领需要留心生活,并向那些高水平的人学习,开动脑筋总结规律。说话不是单纯的语言交流。说话时的动作、神态、面部表情都是对语言的辅助,透露着真实的信息。语言有时是言不由衷,不能代表说话人的本意。走进别人的心里,要想抓住谈话的实质,就必须察言观色,听话听音。

温馨小贴士

汉语博大精深,它所表达的意思是多种多样的,同样的一句话用不同的语气就表达不同的意思;同样一个词用在不同的语境,所表达的意思就相去甚远。所以在听人说话时一定要能听出说话人的真实意思。如果自己对语言的奥妙捉摸不透,就可以凭借说话人的表情动作来确定他话中的意思。如果对方说了一句很友好的话却显示出很难看的表情说明对方已经对你心怀不满了。如果能听出话外之音就可以及时调整自己的行为;倘若听不出来就会使得自己的形象大打折扣,渐渐失去一些朋友。所以,听话听音是维护人际关系的有力措施。

第一印象很关键

每当谈起一个人时，你总会想起第一次见到他时的样子，因为第一印象像是带着冲洗不掉的颜料一样永恒地印在人们的脑海里，从而成为对某人记忆之书的封面。

良好的第一印象，既是一张最好的社交名片，又是一张最有权威的介绍信。人脉网的范围不仅是局限在自己熟悉的环境里，每天都可能在乘车、聚会或是旅游等活动中与陌生的人结识交往。那么，珍惜并注意给他人留下良好的印象，建立好人脉就起着至关重要的作用。

所谓第一印象就是两个素不相识的人第一次见面所形成的印象。第一印象对一个人形象的形成起先入为主的作用，而这种印象多是视觉上的，如表情、姿态、身材、仪表等。善于交际的人都很重视自己给别人的第一印象。

有一个实验说明了第一印象的重要性。有一位社会心理学家做过一个实验。他将同一个人的性格特点分别告诉了两组参加测试的人。头一组人听到的特点是“聪明、刻苦、冲动、自以为是、忌妒心强”。而另一组听到的特点刚好是以上述性格的反方向呈现的。结果先接受了肯定信息的一组，对被评价者的印象远远优于接受否定信息的第二组测试者。

如果你在社会交往中给人树立了良好的第一印象，那么就会有更多的人乐于与你交往，自然你会信心倍增。那么我们应该如何去做呢？

首先应该注意自己的穿着，穿着是决定第一印象好坏的最直接的外在表现，如果穿着拖鞋、挽着袖口去参加一场会议或是婚礼，显然是不合适的。去什么场合一定要选择合适环境的着装打扮，并且不能忽视着装的细节。出门前最好先留意几个小问题，你的鞋是否擦干净了？衬衫上的扣子是否扣好了？头发是否梳理整齐了？胡须是否剃了？这些小细节如果做到位，就能给人留下良好的印象。

注意自己的穿着，最重要的就是穿得干净、整洁、得体，至于衣服的新旧和质料，可以不很在意。当然，如果经济条件允许的话，准备几套高档次的服装以备出席某些重要的场合也是很必要的。

有人为了风度不要温度，在寒冷的冬天穿得很薄，以显自己优美身姿。可见风度对于人们来说多么重要。我们应该既要保证适合的温度，又要注意风度。风度是一个人的性格和气质的外在表现，主要从言谈举止上体现出来。风度不仅表现一个人的文明程度，还可以部分地表现心灵的美与丑。一个人的言谈举止、待人接物都应该文明。若是一个刚与你见面的人两句话不到就跷起了二郎腿，而且脏话连篇，那么对这种举止轻浮、言谈粗鄙的人，你也一定不想与之交往了。所以，你一定要做一个有风度的人。

一般来说，风度是一个人在长期的社会实践中形成的性格、气质的自然流露。有的人性格豪爽，气质粗犷，风度则豪放雄壮；有的人性格开朗，气质聪慧，风度则潇洒大方；有的人性格温柔，气质恬静，风度则秀丽端庄；有的人性格沉静，气质高雅，风度则温文尔雅。不过，就如同这个世界上没有同样的两个鸡蛋一样，人的风度也不可能完全相同，所以不能强求一律。但是，无论是性格、气质的多样性，还是风度的多样性，都应该体现出人美好的本质。有一个美好的心灵，就自然能够体现出美的风度。

与人第一次见面，特别是在比较重要的场合，放松心情也很重要。如果你想让别人轻松自在地与你交往，你自己就必须表现得轻松自在。将笑容挂在嘴角，适当地来点幽默，会给人亲切容易接近的感觉，自然你就能获得更多的朋友了。

应该注意的是，放松心情时要保持自我本色。你若是性格豪放粗犷，就不要装成一副“淑女”状，否则，一不留神，就成“阴阳”人了。只有懂得保持真我的人才能时时保持最佳的状态，赢得更多人的喜爱和赞赏。

善用眼神与别人交流。一个善意诚恳的眼神绝对会为你带来价值。眼睛是心灵的窗户，你的心理活动和真实感情都会从眼睛中流露出来，眼神的语言有时比话语更能表现出一个人的内心世界。为此，无论你是和一个人交谈还是跟很多人交谈，眼睛都要始终望着对方，微笑地用眼神照顾到所有的人，对人是一种最基本的尊重，也会给人留下自信满满的好印象。

想要打造一个良好的第一印象并且让其持续发展的话，就应提高自己的修养。或许你与对方初次见面的时候，衣着整洁、言谈得体、心情舒畅，已经给他们留下了很好的印象，但这并不代表这种印象就永久不变。所以要不断提升自己的修养，充实自己的各个方面，才不会让别人对自己做出低劣的评价，才能增强你的自信。

想要给人留下良好的第一印象，切记不可“嘴上一套，心里一套”，否则平日里养成的不良作风就极有可能成为第一印象的杀手，在不知不觉中抹杀掉他人对你的好感，到时后悔也来不及了。

和一个人初次见面，对方穿着随便，谈吐粗俗，你可以认为他没文化、缺教养，但如果你进而认为他办事不认真，自私狭隘，甚至有点邪恶，以至于以后不愿意和他合作，就有点过分了，就成了偏见。有这种思维方式的人很容易失去很多机会，因为每个人都有优点和缺点，我们和人交往合作，关键要充分利用别人的优势，充分发挥对方的优势，从而给自己提供方便。

很多人会以第一印象轻率判定一个人，这是以偏概全的错误。第一印象固然重要，但也不能走极端，要客观评价一个人还需要长时间观察了解，不能因为对方初次见面时的失误而贴上永久的标签。一时的看法，不一定适用于所有的时候。只有保持灵活的态度，在时间、地点、人物发生变化的时候，才不会死抱着原有的看法不变。

特别是在谈恋爱的时候更是这样，第一印象固然重要，但不要过分相信第一印象，一见钟情的爱情是经不起考验的。有时候在初次相见的那一刹那，人的最佳素质不易被发现，只有相处了一个阶段之后才会显露。所以说女人很难一下子发现她身边的好男人，反而被那些表面上“风流潇洒”的男士所迷惑。其实这种风流潇洒的男子只能给女性以最初的激情，很难向女伴奉献持久的爱情。所以说，恋爱的女性不能被突如其来的爱情冲昏头脑，要保持冷静的心态，以防被第一印象蒙蔽。

温馨小贴士

美国前共和党策略专家艾利斯曾说过：“七秒钟”便决定了你在别人眼中的形象。这说明了第一印象的重要性。人们会从一个人的表情、姿态、身材、仪表等评价其整体，形成对这个人或好或坏的印象。创造良好的印象能够提高你及你的观点被接纳的可能性。尽管我们经常被人提醒“不要以貌取人”“人不可貌相，海水不可斗量”。但人们普遍还是喜欢先入为主。所以，给他人良好的第一印象，对个人来讲有百利而无一害！

第六章 维护你的职场人脉

职场人脉又称为事缘人脉，它是指因共同工作或处理事务而产生的人际关系。事缘人脉不仅局限于同事、上司、下属，一段短暂的共事经历也能形成良好的人际关系。比如一个单位或多家单位为完成一项任务，而临时抽调人员组成团队，任务完成后各自归队，但共同工作与生活的友谊则会留在每一个人的心中。自觉维护好自己的职场人脉对自己事业的成功大有裨益。

团结同事和谐相处

人的一生中，三分之一的时间用来工作，工作就要与同事打交道。大家朝夕相处难免会出现磕磕碰碰，这就需要进行耐心的交流与沟通。否则，会出现小疙瘩变大矛盾，最终达到激化的程度。所以说，同事之间沟通顺畅，相处融洽，将会带来双赢。

在工作场所，一个人是否受欢迎，并不完全在于他如何笑容可掬、无事套近乎和装出一副惹人喜欢的模样，而在于如何对待工作，任务完成得如何，效率是否高，是否有合理的意见和建议，是否经常为公司和周围的人着想等。只有认真完成分内的工作、奋发努力，积极向上，你才能进一步获得同事的喜欢和尊重。

改进、改善与同事之间的关系，不仅要在关心、理解对方等方面做文章，在遇到原则问题，尤其是察觉同事有犯错误的倾向时，一定要坦诚相告。有的人担心，这样会撕破情面，造成人际关系恶化。实际上，说出真心话，是对同事的信任、爱护和关心，不但可以使公司避免重大损失，而且可以使同事避免犯错误。但不要说没有根据的事情，不要因为自己的胡乱猜疑而破坏同事关系，

有个寓言故事叫《偷斧子的人》，大家也许都听过，但其中蕴涵的道理，不见得每个人都有过认真的思考。故事讲的是一个人丢了斧子，他怀疑是邻居偷的，当他看见邻居时，发现邻居走路像偷斧子的，说话像偷斧子的，一举一动都像偷斧子的。后来，他在山谷里找到了斧子，再看到邻居时，就发现邻居走路说话一点

都不像偷斧子的。

在职场上,这个故事可以看做同事之间缺乏交流沟通引起的猜疑。现实生活中,同事之间以邻为壑,缺少敞开心扉的沟通交流,因而相互猜疑或者互挖墙脚,这是因为大家都过高地看重自己的价值。而忽视其他人的价值,有的人遇到问题,尽可能把责任推给别人;还有的人唯恐别人比自己强。

美国加利福尼亚大学副教授查尔斯卡费尔德对美国1500名取得杰出成就的人物进行了调查与研究,发现这些人有一些共同点,他们更注意提高自己的能力,而不是考虑如何击败竞争者。事实上对竞争者能力的担心,往往会导致自己击败自己。多数成就优秀者关心的是按照自己的目标努力工作,如果他们的眼睛只是盯着竞争者,那就不能取得好成绩了。正如注视着别人的脚步,忘了自己的道路,别人功成名就,自己仍一塌糊涂。

既然是同事,就要一起做事,与人合作,就必须知道对方想要的是什么,能满足的就要尽量满足;不能满足,就要采取相应措施予以弥补。

怎样才能知道对方想要的是什么呢?当然是通过沟通,并对在沟通中获得的信息进行分析,就比较容易知道对方想要的是什么了。然而,沟通被普遍认为是现代职场人们最薄弱的技能。

刘刚的部门负责策划和组织一项大型活动,其中大量琐碎的工作需要某个部门来协助。然而,双方在事前沟通的时候遇到了很多障碍。那个部门的负责人既不说不给支持,也不说给予支持,而是不断地诉苦,说他们部门里的人手本来就不够用,现在的工作也很繁杂等。

刘刚对此很纳闷,他想,既然令这位同事这么为难,那他为什么不明确拒绝呢?后来,通过来自第三方的信息,刘刚终于搞清楚了,原来那位负责人是希望自己能够出现在主办方的名单里。

原因找到了，问题也就迎刃而解了。

协作中，经常遇到各种各样的障碍，拨开这些障碍所散播的迷雾，会发现，在很多情况下是我们不清楚合作方想要的是什么，如果我们无法满足对方的需求，就容易使问题复杂化。

现代工作合作的最佳组合方式就是共赢，要想达到双方的共赢，就必须找到所谓的共赢点，这个点的关键就是首先应知道对方想要的是什么，也就是把对方想要的作为共赢点。

每一天甚至每一件事，我们都有跟其他人合作的可能，和谐顺畅的合作关系当然是我们所期待的。但事情并没有我们想象的那么顺利，如果我们觉察到了合作中出现了某些问题，就需要高度重视了，因为很可能是合作方想要的东西我们没有满足。

在我们寻求同事协助的时候，如果遇到了障碍，你首先应该做的就是马上去了解对方想要什么，然后想办法满足，要让对方知道他很重要。

在工作领域，同事们以项目组的方式共同完成某项任务是常见的协作模式。合作中，要求参与的各方目标一致、步骤协调，顺利推进项目的执行，取得既定效果。

尤其是公司内部跨部门的合作，往往不存在共同的领导，你不可能通过自己的上司来推动另一个部门的同事来为你做事。所以，只能依靠对目标和利益的共同认识来完成合作。

个人关系在合作中固然重要，但在双方关系一般的情况下，最重要的还是找到足够吸引对方的利益点。

同事之间要常沟通，这样有利于团结。一个优秀的企业，强调的是团队精诚团结、密切合作，因此同事之间的沟通特别重要。同事之间要想沟通好，必须开诚布公，相互尊重。如果不能敞开心扉，藏着掖着，话到嘴边留半句，那还是达不到沟通的效果。

然而,同事之间最容易形成利益关系,如果对一些小事不能正确对待,就容易形成沟壑。日常交往中我们不妨注意把握以下几个方面来融洽关系,建立良好的沟通基础。

首先是以大局为重,多补台不拆台。对同事的缺点如果平日里不能当面指出,而与外单位人员接触时,对同事品头论足、挑毛病,甚至恶意攻击,影响同事的外在形象,长久下去对自身的形象也不利。同事之间因为工作而走在一起,就要有集体意识,以大局为重,形成利益共同体。特别是在与外单位人员接触时,要形成"团队形象"的观念,多捧场不拆台,不要以自身小利而损害集体大利,"家丑不外扬"。

对待同一件事情,每个人都有自己的观点和看法,意见分歧时,要本着求大同而存小异的原则来解决。

同事之间由于经历、立场等方面的差异,对同一个问题往往会产生不同的看法,引起争论,不小心就容易伤和气。于是,与同事有意见分歧时,首先不要过分争论。人接受新观点需要接受一个过程,往往还伴有"好面子""争强好胜"等心理,彼此谁也不服谁。此时,如果过分争论,就容易激化矛盾而影响团结。第二是不要一味"妥协退让"。即使涉及原则问题也不坚持,不争论,随波逐流,刻意掩盖矛盾,这样是不行的。面对问题,特别是在发生分歧时要努力寻找共同点,争取求同存异。实在不能一致时,不妨冷处理,表明"我不能接受你的观点,保留我的意见",让争论淡化,同时不失自己的立场。

对待升迁、功利要保持平常心,不要忌妒。许多同事平时一团和气,遇到利益之争,就当"利"不让。或在背后互相贬低,或忌妒心发作说风凉话。这样既不正大光明,又损人不利己,因此对待升迁、功利要时刻保持平常心。

同事间的交往频度对能否长久、和睦地相处有一定的影响,交往过密容易引起不必要的纷争矛盾,交往过疏则容易产生隔阂。因此与同事交往应保持适当的距离，温热适中，融洽相处。

在一个单位，如果几个人交往过于频繁，容易形成表面上的小圈子，让别的同事产生猜疑心理，让人产生“是不是他们又在谈论别人是非”的想法。因此，在与上司、同事交往时，要保持适当距离，避免形成小圈子。

同事之间会出现一些小摩擦，如果不及时处理，就会形成大矛盾。在与同事发生矛盾时，要主动从自身找原因，换位为他人想想，避免矛盾激化。如果已经形成矛盾，自己又的确不对，要放下面子道歉，以诚心感人。退一步海阔天空，忍一时风平浪静。有一方冷静下来，就可能避免一场狂风暴雨般的争执。而且会发现彼此之间并没有大不了的矛盾。

在公司里，在比较空闲的时候，可选择一些大家都感兴趣的话题谈论，可以使工作更愉快。个别同事对公司的闲话，最好不予理睬，避免陷入是非之中。

当遇到不满的事情，最好不要一开口就把责任推到其他同事的头上，应具体地将整件事情讲清楚，表明你的感受。有一点必须牢记，不能让其他同事掺和到事情中来，以免扩大冲突范围。即使你跟上司的意见真的不合拍，也要保持冷静，最好暂时缄默不语。在任何时候为争执而争执绝非好事，还是相信沉默是金吧。

一台精彩的演出，是所有演员、剧务等通力协作的结果，而不单单是主角一个人的精彩。也就是说，精彩的演出需要所有参与者的辛勤与智慧，每个人都很重要。任何人的疏漏、松懈和不专业都可能给剧情带来缺憾。职场中，你一定要学会与同事多沟通，这样才能最大限度地减少纷争，大家齐心协力走向成功。

温馨小贴士

人际关系对事业的发展有极大影响，如何在公司赢取人心，与同事和谐相处是每个在职人士应当考虑的问题。公司的制度无论有多完善，亦需要各同事配合。和睦的工作环境，同事间亲和融洽，上下一心，直接促成业务的成功。能否成功，关键亦在于能否跟同事打成一片，和睦共处。要想与同事搞好关系，首先要清楚自己的性格特征，明白自己的性格缺失，努力改善不足之处。

在交流中为领导把脉

常言道："人心都是肉长的"，即便面对很严肃的上司，只要用语贴切，说话巧妙同样能收到良好效果。现实中，很多人面对上司不知所措，担心说错话给自己带来麻烦。其实大可不必，在面对上司时，只要把握好说话的技巧和分寸，就很容易赢得上司的重视和青睐。

在面对上司时，首先要摆正自己的心态，态度不卑不亢。对上级当然要尊重，但不能低三下四。有见识的领导对一味奉承、随声附和的人是不会予以重视的。在保持独立人格的前提下，你应该采取不卑不亢的态度。

要根据上级的个性考虑谈话方式。上级也是人，作为人，就有性格、爱好，有他的语言习惯，有些人性格爽快，有些人沉默寡言，事事多加思考，你必须注意这一点。

对于谈话的内容，要注意所反映的情况要真实，这有利于领导做出正确的决断，所以说这一点非常重要。有许多部门上下级、同级之间出现矛盾，就是因为信息传递环节出现了问题。

说话要注意身份，如果作为员工的你对上司说："您辛苦了！""太晚了！""好啊！""可以啊！""您的做法真让我感动！""经理决策英明，我很感动！"之类的话，就会引起上司的反感。因为这些话应该是自上而下的，由身为下属的你说出不妥。

"我想这事很难办！"这话也不要随便说。一方面显得自己推卸责任，另一方面也显得上司没有远见，会让上司脸面上过不去。

如果是皆大欢喜的好消息,说话的方式可以相对随便些。但一些带有批评性建议、强制性或约束性的规定,以及一些比较特别的要求,直接说出来往往让人听了不舒服。很多时候,单刀直入和针锋相对地表达意见效果不好。巧妙准确地表达自己的想法,又不得罪对方,这就需要用心慢慢体会。先说“YES”后说“NO”,委婉巧妙地表达意见并征得对方的同意,比直言相劝却碰了一鼻子灰的方式要好得多。

俗话说:“对猫狗等小动物要顺毛抚摸”,职场上说话也是如此。特别是对位高权重的上司,如果你总是直言犯上,就像是触了“逆鳞”,不但无效,还会让人反感。这时候不妨试试“顺毛抚摸”的方法,先顺着上司说,表示赞同他的意见,让他能够听得进你的话,然后再提出规劝的意见,这样就容易被接受了。

春秋时期,楚庄王的一匹爱马死了,他非常伤心,下令以上等棺木装殓,行大夫礼节厚葬。文臣武将纷纷劝阻却无济于事,最后楚庄王说:“谁敢再劝阻,我就杀死他。”

优孟知道了,直入宫门,仰天大哭,楚庄王莫名其妙,迫不及待地问他是怎么回事。优孟说:“这匹死去的马是大王最喜欢的,楚国堂堂大国,却要以大夫的礼节安葬他,太寒酸了。”庄王听到优孟不像群臣那样劝谏,而是支持他的主张,不觉喜上心头,很高兴地问:“依卿来看,应该怎样办才好呢?”

“依我看来,请用君王的礼节吧!”优孟清了清嗓子,继续说,“请以美玉雕成棺,派士兵挖掘墓穴,使老少都参加挑土修墓,齐王、赵王陪祭在前面,韩王、魏王护卫在后面,用牛羊猪隆重祭祀,给马建庙,封它万户城邑,将税收作为每年祭马的费用。”说到这里,优孟话锋一转,委婉地指出了楚庄王隆重葬马之害:“让各国使节共同举哀,以最高礼仪祭祀它。让各国诸侯听到后,都知道大王以人为贱,以马为贵啊。”

此语点到了楚庄王的要害,楚庄王恍然大悟,赶紧请教优孟如何弥补自己的过失。优孟说:“请大王用葬六畜的办法来葬马,把他葬在人的肚肠里。”于是楚庄王听了优孟的劝谏,派人把马交给掌管厨房的人处理,并向大家强调,不要将此事宣扬出去。

优孟因侍从楚庄王多年,熟知其性情,知道此时无论是忠言直谏,还是强行硬谏都难奏效。以优孟地位之微,如果直言利弊、凛然大义,固能令人肃然起敬。但他的正话反说,从称赞、礼颂楚庄王“贵马”的后面,对比分明地指出了楚庄王“贱人”的行为,楚庄王也就认识了自己的错误所在。

其实,优孟的做法很有道理,在别人都反对楚庄王的情况下,他先表示赞同,就很容易博得楚庄王的认同,觉得优孟是和自己站在一边的,不像其他人张嘴闭嘴都是些仁义的道理,明显是在拿着标尺批评自己。在感情上获得支持后,优孟又巧妙地运用了夸张的手法,貌似在给楚庄王提建议怎么更好地葬这匹马,实际上是用了反讽,让楚庄王意识到自己的决定是多么不合情理,让他自己醒悟过来,自然就达到了劝解的目的。硬话要软说,观念要引导。先顺着对方的意思说,稳住人心,然后再逐渐深入,引出对方能接受的道理,这样对方就能明白自己的错误,并接受对方的建议。

有些话很难说出口,为了避免尴尬,可以从反面说起,反面的话稍加引申,就能走到正面了。反语是语言艺术中的迂回术。正话反说便是彻底的委婉,欲擒故纵,取得合适的发话角度,达到比直陈更有效的效果。

人与人如果没有了交流和沟通,情感也会而疏离。所以,与上司的沟通是非常必要的。掌握一些原则和技巧,有助于消除我们与上司沟通的心理障碍。在与领导谈话时,察言观色,以平常心对待,习惯成自然,对这种情况就可以应付自如了。

在工作中树立自己的品牌是取得老板认可的最好办法。有很多人如果在一个单位继续待下去就会很注重树立自己的口碑、塑造自己的形象，如果即将离开公司就会放任自流甚至言行过激而引起更多的矛盾，对这样的员工老板是不会看重的。

下面这个故事就说明了上述问题。公司要裁员了，张柏与王松都不幸上了解雇名单，被通知一个月后离职。两人都是公司的元老，在公司将近十年。张柏回家后，一整夜没有睡着，第二天更是气愤，逢人就大吐冤情："我在公司这么长时间，没有功劳也有苦劳啊，为什么解雇我？"刚开始，同事们出于同情还会安慰几句，可听多了就让人烦了。尤其是他含沙射影仿佛自己被陷害了似的，看谁都不顺眼，弄得大家对他避而远之。张柏还把闷气发在工作上，他认为自己反正快要离开了，干好干坏都一样，于是把工作做得一塌糊涂。

王松得到自己被解雇的通知后，也难过了一个晚上。但他的态度与张柏完全不同，他想："既然只有一个月时间了，不如给大家留个好印象。"于是，他从不说自己被解雇很冤，别人偶尔提起时，他便说自己能力不足，应该淘汰。他还逢人就道别："再过些日子，我就要走了，不能再与你们共事了，请多保重。"大家见他这么重感情，更舍不得他离开了。这让他心情好多了。

一个月转眼就到了，张柏如期离职，王松却被老板留了下来。老板说："像王松这样认真对待工作的员工，正是我们需要的，怎么能轻易辞退他呢？"

要想成为受领导赏识的员工，就要专心致志做好自己的工作，不要与领导较劲，更不能拿领导的私事作为把柄或资本。

老板也是普通人，也有情绪低落的时候。如果老板下班后拉着你讲私事，是因为他有难解的心事。记着，他绝非特别欣赏你或信任你，先别沾沾自喜，这时，步步为营才是你应该的做法。

如果你对同事宣扬老板的私事，以抬高自己的身份，肯定后果堪忧。还有，因为知道了老板的私事就觉得与老板建立了牢固的友谊，所以见了老板就拍肩头、称兄道弟这是非常愚蠢的举动。万一他后悔让你知道太多私事，怕你向外宣扬，可能就特别对你避忌，从此，你的前途可能就不好说了。

聪明的人会采取相反的态度，对自己所知道的事情三缄其口，就是最要好的同事也不透漏一个字，装做什么事情也没发生。遇到老板，态度自若，保持与他一向的距离，除非对方先提起旧事。要是他仍是兴高采烈一见如故，你才可放下压在心上的石头。

导致上司生气的原因不胜枚举，假如你能够了解到上司也有难言之隐，他担心工作不能如期完成，由于一时的恐惧而失去了心理平衡，唯有胡乱向周围的员工“开火”。只要弄明白了这一点，以后你与这位上司相处，便会轻松自在。

如果你对的上司是一个暴君，你必须要让他知道你依从他的指示，而且很明白他的意思，甚至在他还未向你叫喊之前，你已经告诉他自己的工作进展十分顺利。你要面对现实，与其视他为洪水猛兽，不如主动对上司说：“有关这项工作的推行计划，我已经完全想好，待我整理好，后天交给你。”

上司与下属是否有无形的隔膜呢？答案是未必。许多时候隔膜是人为的。例如，很多人在同事聚会时总是只召集同等级的同事，大家嬉戏玩乐，无拘无束，从来不找职位较高的同事一同来玩乐，理由是怕不自然。

这种观念是错误的。每个人都具有好奇、幽默的本性，你与上司在这方面有了共同点，何以会使你感到不自然呢？聚会是在工作外进行的，你与上司已没有等级之分，完全可以成为一起娱乐的朋友。如果你是活动的发起者，下一次就该记得邀请自己的上司了。

比较轻松的聚会，不必发请柬，你可以口头邀请上司：“下个星期，我们有一个小型聚会，大家闲聊而已，欢迎你参加！”即使是已发了请柬，你也要亲自再邀请上司：“下星期的聚会，将有公司部分同事参加，节目是每个人自行设计的，不知你有没有时间参加？”这种情况下，注意的要点是，先让上司知道聚会的目的、内容和时间，同时让他有选择的余地。

从某种层面上来讲要想与上司的关系变得融洽，要讲究技巧。你必须先摸清他的习惯喜好，例如衣着品位、分配工作和处理日常事务的态度等。

上司也是普通人，他可能有跟你一样的烦恼和好奇心，在适当的时候，不妨和他谈些私事，例如最近哪个超市因店庆搞促销活动，或者哪里开了一家新的火锅店比较不错。你可以在非公事的事项上帮个小忙。

上司毕竟是自己的领导，你们没有本质矛盾，因为有缘大家才走到一起，齐心协力把工作做好，对双方都有好处，这就是同舟共济。你不应将领导放在自己的对立面上，而应该让上司知道你和他是站在同一战线上的，只要端正态度，讲究方法，你们完全可以和谐相处、和气生财。

温馨小贴士

领导与员工之间是存在一定的矛盾，但这个矛盾产生的前提是双方有共同的利益。然而在现实中人们往往把目光放在矛盾上，感觉领导是员工的敌人。这是错误的看法，领导和员工的根本利益还是一致的。只有认识到这一点，消除各种误解，同领导进行有效沟通，梳理好自己与领导之间的关系，才能在轻松愉悦的心情下工作，才能不断提高工作效率，从而使自己与领导双向得利。

解决争议有妙招

世界上没有两片完全相同的树叶，同样，每个人都有自己的世界观、价值观及审美标准，对同一件事情，每个人都有自己的看法，在商议协调达成一致观点的过程中难免会有争议。发生争议时，如何巧妙解决争议是值得探索的问题。

人们总是想尽办法在争论中取胜，互相怒吼或攻击，却忘记了一条重要的法则：从争论中获胜的唯一秘诀是避免争论。

静下心来衡量一下：你是要赢得争论上的表面胜利，还是别人发自内心对你的敬佩？你在争论中可能有理，但要想改变别人的意见却是徒劳的。美国威尔逊总统任命的财政部长威廉，将多年政治生涯获得的经验，归结为一句话：靠辩论不可能使无知的人服气。

若想化敌为友，必须控制住自己的情绪，保持冷静。出现分歧不要跟人争论，争论的结果一定不是你想看到的。

如果你向别人推销商品，那么请保证说话的气氛是轻松和谐的。一旦有了争论，一定要巧妙解决。即便客户提出的反对意见是荒谬的，让人难以容忍，你都千万不要和客户争吵，不能冒犯客户。争吵不能说服客户，而只会让客户气愤。对客户的无知，你应施展说服艺术，尽可能不让客户难堪，否则，仍然会让交谈崩裂。

为了从大局着想，业务员可以先把客户的过错统统归结于自己，然后心平气和地进行耐心的解释。如果要纠正客户的错误说法，不妨试着说：“对不起，我使您产生了误解”。

所有人在与客户进行推销洽谈时都可能会遇到异议。从表面看，客户提出反对意见就会给洽谈蒙上阴影，如果自己无法解决客户的异议，势必会失败。反过来想，客户提出反对意见并非是坏事。有些推销专家认为，推销是从被拒绝之后才开始的。

俗话说：没有人去抨击一个白痴，没有人去挑剔一堆垃圾。既然有争议就说明有价值。

在很多时候，客户提出异议是由于他们对产品产生了兴趣。如果客户对你的产品丝毫不感兴趣，就不会浪费时间提异议。

人们提出异议是因为他们想知道这件产品为什么值得他购买，而这正是他们在向你传达对你的产品有兴趣，一定不能在这时候泄气。你需要做的是，对异议进行分析，并做出恰当的处理，拒绝客户的“拒绝”。

客户购买是因为需求，需求的满足涉及许多因素。假如这许多因素中有一个得不到满足，客户就可能放弃购买。客户的反对主要来自五方面：商品式样、颜色、型号、质量；商店设计布局与形象；价格适宜程度；何时购买；购买数量的多少等。但是，经验表明：无论客户怎样反对，实际上只是为了掩盖购买动机而使用的借口，你必须了解客户真正的反对意见，探寻其拒绝购买的“隐藏动机”。

下面的策略对处理有关异议的棘手问题会很有帮助。

“是的……不过……”是推销工作的常用方法，可以根据有关事实和理由间接否定客户的意见。使用这种方法的诀窍是首先承认客户的看法有一定道理，也就是向客户做出一定让步后再讲出自己的看法。在使用过程中要尽可能自然表达转折的意思，不要一句一个但是，因为那样会引起对方的反感，只要灵活掌握了这种方法，就会保持良好的洽谈气氛，为自己的谈话留有余地。

比如客户说:“这个金额太大了,不是马上能支付的。”

业务员可以说:“是的,我想大多数人都和您一样是不容易立刻支付的,不过如果我们能够配合您的收入状况,在您发年终奖时多支付一些,其余配合您每个月的收入,采用分期付款的方式,这样您支付起来就不费力了。”

转化处理法也是解决异议效果较好的策略。这种方法是利用客户的反对意见本身来处理。客户的反对意见具有双重属性,它是交易的障碍,同时又是很好的交易机会。要是能利用其积极因素去化解消极因素,未尝不是一件好事。

这种方法是直接利用客户的反对意见,转化反对意见。这就要求你具备良好的随机应变能力,能快速反应,但一定要注意讲究礼仪,不能伤害客户的感情。

以优补劣法就是承认已有的不足,放大已有的亮点,让顾客心理平衡,并产生机不可失,时不再来的紧迫感。

如果客户的反对意见恰好切中了你的产品或服务的缺陷,你千万不可以回避或直接否定,明智的方法就是肯定有关缺点,然后再将其淡化处理,利用产品的优点来补偿甚至抵消这些缺点。这样有利于使客户的心理达到一定的平衡,有利于让客户做出购买决策。

比如推销的产品质量不够好,而客户恰恰说:“这东西质量不好。”你可以从容地告诉他:“这种产品的质量的确不是很好,所以削价处理,价格优惠很多,而且公司可以确保这种产品的质量不会影响您的使用。”这样既打消了客户的疑虑,又以价格优势激励了客户的购买。

无论什么情况下,委婉的态度总比强硬的态度容易让人接受。在没有考虑好如何答复客户的反对意见时,不妨先用委婉的语气,把对方的反对意见重复一遍,或用自己的话重复一遍,这样可以削弱对方的气势,有时转换一种说法会使问题容易回答得多。注意，你只能减弱而不能改变客户的看法，否则客户会认为你歪曲他的意思而对你不满。你可以复述之后问一下："你说的是这个意思吗？"然后再说下文，以求得客户的认可。

比如客户抱怨："价格比去年高多了，怎么涨幅这么大？"你可以这样说："是啊，价格比起前一年确实高了一些。"然后等待客户的反应再进行下去。

合并意见法是将客户的几种意见汇总成一个意见，或者把客户的反对意见集中在一个时间讨论。总之是要削弱反对意见对客户所产生的影响。注意，不要在一个反对意见上纠缠不清，因为人们的思维有连带性，往往会由一个意见派生出许多反对意见。要在回答了客户的反对意见后马上把话题转移开。

反驳处理法是较为严肃的解决方法，尽量避免使用。直接反驳对方容易使气氛紧张，使客户产生敌对心理，不容易接受。

但如果客户的反对意见是因为对产品的误解，确实是他们的认识错误时你不妨直言不讳，但态度一定要友好而温和，最好是引经据典，才有说服力，同时让客户感到你的信心，从而也增强他对产品的信任。虽然某些时候能够收到出其不意的效果，但是斟酌使用才好。

忽视法是指对于客户那些不影响成交的反对意见，最好不要反驳，采用不理睬的方法是适当的。如客户抱怨你的公司或你的同行，这类不影响成交的问题，你都不要予以理睬，转而谈你要说的问题。

比如客户说："啊，原来你是那个公司的业务员啊，你们公司周围的环境可真差，交通也不方便。"即使事实并非如此，你也不要争辩。你可以说："先生，请您看看产品，它是目前市面上最先进的，也有最高性价比，对您来说是再合适不过了"。专家认为，在实际推销中80%的反对意见都应该这样冷处理。

化解异议的办法很多，如果正确地适时运用，会有良好效果。

选择正确方法的前提是要正确地分析客户反对意见的性质与来源，是客户自己的原因还是因为你的行为和推销方式造成的。然后灵活巧妙地将客户的反对意见化解，在这个过程中你不仅要提供满意的答复，还应该让对方感觉良好，这样才能让摇头的顾客点头。

温馨小贴士

人与人思想是有差异的，对待事物的看法也会出现分歧，这个时候不应该否定这种异议的存在，也不应该一味去反对对方，应该尽量避免矛盾的激化，应该巧妙运用各种招数解决矛盾。人之所以是万物之灵就是因为拥有智慧。让我们开动大脑发掘智慧潜能，丰富化解分歧的方法，成为矛盾的克星，成为和谐的使者。

做事留有余地

俗话说：不能自己把路堵死了。我们做事情，不能只顾及眼前，而要考虑长远一些，给自己留出余地。在说话时同样要留有余地，不能把话说得太满，要容纳一些意外事情，以免自己下不了台。

老王在一家新闻单位工作，由于单位的其他人员手中都有着急完成的工作，只得把一个采访任务交给刚毕业来到公司不久的贾强，这件采访工作在实施时存在一定的困难。老王想详细地给小贾介绍一下，可他却拍着胸脯很有底气地说："没问题，包您满意。"老王半信半疑，拭目以待。三天后，老王没有见小贾来汇报工作，也没有听到任何动静，便问他采访进展得怎么样。这时小贾才慢吞吞地对老王说："不像想象中的那么简单。"虽然老王也想到这个采访不会很轻松，但对小贾当时轻易拍胸脯表态有一些反感，最后在小贾的强烈要求下，老王才同意他继续做些努力完成采访任务。

有很多事情的发展是不可预料的，有的人不了解事情的发生背景，就轻易地下结论，断言自己如何如何，使自己一点回旋的余地都没有。

小张与同事因为说话误会发生了点摩擦，很不愉快，便对同事说："从今天起，我们断绝所有关系，彼此毫无瓜葛"，而后就开始了冷战，上班时遇到这个同事不仅不打招呼，而且还显出气呼呼的模样。有一次，他带着朋友来到公司办事，他把办公室里的人介绍一圈，就是不介绍与他发生矛盾的那个同事，弄得对方很尴尬。这些事情过去还不到两个月，被他说成“与他毫无瓜葛”的那位同事成了他的上司。小张因讲过狠话而感到很难为情，对自己平时做事不留情面也感到不好意思，只好辞职，另谋他就。

因为把话讲得太满，而给自己造成窘迫的例子到处可见。把话说得太满，就像把杯子倒满水一样，满得再也滴不进一滴水，否则就会溢出来；也像把气球打满了气，再充就要爆炸一样。

凡事总会有意外，留有余地就是为了容纳“意外”，杯子留有空间，就不会因为加进其他液体而溢出来；也像给气球充气，如果留有余地继续充气就不会爆炸。人说话做事留有余地便不会因为“意外”的出现而下不了台，而可以从容转身。

有些人爱用模糊语言，如可能、尽量、研究、或许、估计……他们之所以运用这些字眼，就是为自己留有余地。一下把话说死了，结果事与愿违，那该多难看啊！

那么，怎样才能为自己留有余地呢？

在做事方面，要量力而为，不轻易许诺别人自己没有把握的事情。对别人的请托可以答应接受，但不要“保证”，应该用“我试试看，我尽量去做”的字眼。上级交办的事当然接受，但不要说“保证没问题”，应代以“应该没问题，我全力以赴”的字眼。这是为万一自己做不到留后路，这样的回答也无损你的诚意，反而更显出你的谨慎，别人会因此更信赖你。即使事没有做好，也不会怪罪你。

在做人方面要注意自己的言行，与人交恶，不要口出恶言，更不要说出“势不两立”之类的话，哪怕有不共戴天之仇。不管谁对谁错，最好是闭口不言，以便日后携手合作时还有面子。

对人不要过早地下结论，如“这个人完蛋了”，“这个人一辈子没出息”之类的话，属于“盖棺定论”的话最好不要说。人的一辈子很长，变化也很多，不要下“这个人前途无量”或“这个人能力高强”的断语。

民间有“前三十年望父敬子，后三十年望子敬父”的说法，这句话不仅说明了人们的趋炎附势，而且说明了人们根据别人一时的窘迫就断言别人的孩子也一生潦倒。在生活中有很多这样的人，看到人家的大人很能干就断然相信人家的孩子一定很聪明，看到别人家的父母很平凡就断言别人家的孩子一定成不了大器。

在民国时期，一家私塾里有两个孩子，一个叫张成才，他的父母是远近有名的书法家，过年过节，人们都会让他们帮着写对联，由于是书香门第，在当地备受尊敬。他们给自己的孩子取名叫成才就寄托了望子成龙的愿望。私塾先生也相信他们的孩子一定会有出息，就对张成才格外关心。而张成才的同桌王友志平时沉默寡言，父母都是地道的农民，顾不上他的学习，还常常让他帮着做些农活。私塾先生对这个孩子很不看好，认为这样的家庭出不了人才，所以，他并没把王友志放在眼里。

有一次私塾先生在课堂上说：“成才啊，你一定要下工夫读书，日后定会有出息。”还说，“你别跟王友志学，他认得几个字不是睁眼瞎就行了，但你不一样，先生还指望你长脸呢。”王友志听到这些话非常不服气，他读书很用功，功课完成得很好。若干年后，王友志成为当地父母官，而张成才则守着父母的家产过着平庸的寄生生活。等到有一天，私塾先生去县城跟人打官司，才知道接管他案子的人正是那个被他冷落忽视的王友志。私塾先生满面尴尬，无地自容。王友志却不计前嫌，仍以老师尊之，这位私塾先生感激涕零。

总之，办事、说话留有余地，使自己不至于走到绝处，在与别人打交道的时候可以进退自如，以便日后更能机动灵活地处理事务。同时也给别人留有余地，无论在任何情况下，不要把别人推向绝路，这样，事情的结果对彼此都有好处。

温馨小贴士

做事留有余地是给自己留后路。世界上的事情都是发展变化的，有些结果是不可预测的，如果说话太绝对、做事太决绝就会把自己推入一个进退两难的境地。留有后路是明智之举，即使一时失利还可以保存力量等待反攻的机会。狡兔三窟的故事给我们深刻的启发，希望每个有志之士都能高枕无忧。

伸给别人援手

帮助他人是出于真诚的关心，不要只图报答，因为一次性报答过了就成了买卖交易，就失去了帮助的意义，更不是当初帮人时的初衷。当有人需要你帮一把时，你能伸出手帮一把就是一种回报，就是社会共有的缘分。

一个人能力虽然有限，但只要肯帮助别人，他就是一个懂得为人处世的人，也是善于经营人脉的人，会受到人们广泛的欢迎。

有一种说法，叫做生活不需要技巧，讲的是人与人之间要以诚相待，不要怀着某种个人目的。对别人的帮助，要落到具体的行动上，不要只停留在口头上。帮助有两种可能，一种是随便帮帮，一种是一帮到底，做足人情。第一种帮助不能说不是帮助，因为它也能给人带来某种好处，但不是真正的帮助，这种随便的帮助在关键时候是不管用的。第二种才是真正的帮助，它能帮人彻底解决实际困难。我们时常用“两肋插刀”来形容朋友之间深厚的情谊。

有一则感人的故事。露丝是一位单身女子，住在华盛顿的一个闹市区。有一次，露丝搬一只煤气罐回家，因为电梯坏了，她只得扛着煤气罐上十二层楼。杰克是个平时没事就在大街上闲逛，偶尔还闯点祸的人，他看到露丝累得气喘吁吁，于是想上去帮忙，露丝并不相信杰克，还以为他另有图谋。杰克十分困惑，再三讲明自己是一番好心也无济于事。露丝拒绝了杰克，她将煤气罐从一层搬到二层后，就再也没有力气了。露丝很矛盾：是否要杰克帮忙呢？最终还是在杰克的帮助下，煤气罐被搬上了十二层。为了表示自己的诚意，杰克只是将煤气罐搬到了露丝家门口，坚持不进露丝的家。后来，露丝和杰克交上了朋友，一年后，两人携手走上了红地毯。

帮助别人，不要居功自傲。帮助时应该注意：不要使对方觉得接受你的帮助是一种负担，帮助要自然得体，当时或许无法让对方感受到，但是日子越久对方越能体会到你对他的关心，能够做到这一点是最理想的。帮忙时要高高兴兴，不可以心不甘情不愿。

总之，人不是难以合群的刺猬，人是情感动物，需要彼此互爱互助，且不可像自由市场做生意那样赤裸裸的，一口一个“有事吗？”“你帮了我的忙，下次我一定帮你！”忽视了感情的交流，会让人兴味索然，彼此的交情也维持不了多长时间。

一个篱笆三个桩，一个好汉三个帮。大家都伸出自己的手握住别人的手，捧出自己的爱心，融化别人的伤心，露出自己的笑容，暖干别人的泪水。这样，困难不再是一个人的困难，而是大家共同的解决目标，它将变得微不足道。快乐则会变成大家共同的快乐，它将成倍增长，别人分享你的快乐，别人的快乐同样会让你来分享，这个世界就会变得越来越美好。

“患难之交是真朋友”。这话大家都很认可，但只有会玩“手腕”的人，才会利用这个难得的机会，因为他们懂得“雪中送炭”比“锦上添花”更能体现对人的真诚和友好。

有的人可以敏感地觉察到自己的辛苦，却对别人的焦急缺乏了解。他们不会花工夫去了解别人的需要，有的甚至知道了也视而不见，大概是没有感同身受的换位思考吧？

小王在某企业担任打字工作。一天中午，一位董事走进办公室，向办公室里的打字员们问道：“上午拜托你们打的那个文件在哪里？”当时正值吃饭时间，谁也不知道那个文件搁在哪里，因此谁也没有理睬他。这时，小王对他说：“这个文件的事我虽然不知道，但是，张先生，这件事交给我办吧，我会尽早送到您的办公室的。”当小王把打好的文件送给董事时，董事非常高兴。

几周之后，小王接到升迁的消息。显然，小王的热心和办事的利落获得了董事的赞赏，董事在董事会上对她大力推荐。

有时候不用很费力地帮别人一把，别人也会牢记在心，投之以木瓜，报之以琼琚。

温馨小贴士

有人说“伸手拥抱整个世界，那么整个世界的人都会来拥抱你”，人与人的交往就是如此。帮助别人就是帮助自己，伸出援助之手的同时会有温暖的手向你伸过来，只要人人献出一点爱，世界就会成为美好的人间。人间之所以美好是因为有了人脉的支持，所以又可以说伸出你的手抓住的是人脉，伸出你的手抓住的是力量，所以在见到有人陷入困境的时候，不要吝啬，伸出你的援手吧。

人情账户需要储蓄

做人情就像在银行里存款，存得越多越久，红利便越多。你不妨未雨绸缪，往“人情银行”里多存些“情”，当你需要帮助的时候，只要招呼一声，别人就会纷纷赶来，这样既对别人有好处也对自己有利的事情为什么不做呢？

生活在社会中，一个人不可能只凭借自己的力量闯世界，即使那些从零开始创业成功的人，也需要借助众多人的支持才能达到令人羡慕的业绩。问起他们成功的经验，他们都会为自己讲求信誉和以诚经营而自豪不已。讲信誉，讲诚信，送给别人一个人情，都是在往人情账户上储蓄资本。

如果你是一个懂得经营人脉的人，你就会试着让别人欠你的人情债，也就是学着储蓄人情。这样你的人情账户才能更加富有。如果有一天需要别人的帮助，你就可以轻松地将人情账户里的本金和利息取出一部分为自己所用。

一个人成就事业赚到大钱，需要很多人的支持和帮助。在这个过程中，你就会欠下了许多人情债，但你不必急着偿还，而是在朋友需要帮助的时候及时伸出援助之手。

要赚钱的人，应当有这样一个信念：社会上的所有人都能帮助你，所以，你要对这个社会心存感激。这会使你储蓄人情的信念变得更强烈，更坚定，会纠正你对事斤斤计较的错误做法。这样，你就能渐渐地得到别人的尊重。当然，并不是只要心存感激就能得到别人的尊重，而是要通过实际行动来增加自己在别人心目中的砝码。

在你没有把握的情况下不要答应别人过多的事情，因为你不可能都一一兑现，一旦有一件事情落空，就会令别人失望。如果这样的事情发生两次、三次，就会影响你在别人心中的形象，让人觉得你没有信誉，别人就会疏远你。

自己能办到的事，不要让人帮忙，免得让人说你无能；答应别人的事，也一定要完成，否则别人非但认为你能力不够，还会觉得你没信用。别人愿意帮你，你要表示感谢。你请求别人帮助，自己的态度要放端正。请求别人帮助时要注意：不要强迫别人做人家不愿意做的事情，即使他们按照你的要求做了，心里也不舒服。假如你能做到这一点，就会发现与人交往其实并不是很难，储蓄人脉也是手到擒来的事情。

有人认为，不要随便接受他人的帮助。持有这种观点与他人交往，你的心里才能坦荡，才会毫无牵绊。

当然，最好还是将你欠的人情债还给他人，尽管要做到这一点很不容易。不过，将来也许有一天，你会获得大大的回报。不是所有人都会积极地去偿还你的人情债。不过，总是有人会还的。因此，懂得经营人脉的你，还是应该试着让别人欠你的人情债，因为这是储蓄人情账户的有效办法。

究竟怎样去博得人情，并没有固定的办法。对身陷困境的穷人，一枚铜板的帮助，可能会使他握着这枚铜板忍一下极度的饥饿和困苦，还能干番事业。对于一个执迷不悟的浪子，一次促膝交心的谈话，可能会使他建立做人的尊严和自信，或许在悬崖勒马之后驰骋于希望的原野，成为一名勇士。对你的帮助他将铭记一生。就是在平和的日子里，对一个正直的举动送去一缕可信的眼神，可能就是正义强大的动力。对一种新颖的见解报以赞同的掌声，可能就是对革新思想的巨大支持。对一位陌生人很随意的一次帮助，可能会使那个陌生人突然悟到善良的难得和真情的可贵。很可能在他看到有人遇到难处时，会很快从自己曾经被人帮助的回忆中汲取勇气和仁慈。其实，在人生的征途中，既需要别人的帮助，又应该去帮助别人。

也许没有什么比帮助别人更能体现一个人宽广的胸怀和慷慨的气度的了。不要小看对一个失意的人说一句暖心的话，对一个将倒的人轻轻扶一把，对一个无望的人赋予真挚的信任。也许自己什么也没失去，而对一个需要帮助的人来说，也许就是醒悟，就是支持就是宽慰。不肯帮助人，总是太看重自己丝丝缕缕的得失，这样的人目光中不免露着麻木的神色，心中也会不时地泛起一些阴暗的沉渣。这样的人在一步步堵死自己前行的道路，也在拒绝所有可能的帮助。

战国时代有个名叫中山的小国。有一次，中山的国君设宴款待国内的名士。宴席上羊肉羹不够了，无法让在场的人全都吃到。有一个没吃到羊肉羹的人叫司马子期，此人怀恨在心，到楚国劝楚王攻打中山国。中山被攻破，国君逃到国外。他逃走时发现有两个人手拿武器跟随着他，便问："你们来干什么？"两个人回答："从前有一个人曾因获得您赐予的食物而免于饿死，我们就是他的儿子。父亲临死前嘱咐过，如果中山有任何事变，我们必须竭尽全力，甚至赴汤蹈火付出生命也要报效国君。"

中山国君听后，感叹地说："怨不期深浅，其于伤心。吾以一杯羊羹而失国矣。"即：施怨不在乎深浅，而在于是否伤了别人的心。我因为一杯羊羹而亡国，却由于一壶食物而得到两位以死相报的勇士。

中山国君以丢失国家为代价悟出的这段话，道出了人际关系的微妙。

温馨小贴士

人们都知道根据自己的情况制订存钱计划，一个月存进去几百，几年下来就有了很大一笔存款。人脉也是如此，平时日积月累，等到某一天你打开自己的人脉账户就会张大眼睛，简直不相信自己会有这么丰厚的人脉储蓄。将你昔日遇到的朋友，现在结交的朋友、不经意间认识的朋友都存入自己的人脉账户，渐渐地你就会成为人脉大款，就可以享受人脉资源带来的种种好处。

人脉也需要保养

尽管社会上流行着拜金主义、金钱至上的风气，但是传统的"礼尚往来"已在人们心中扎下牢固的根系，人情的来往是对人际关系的良好保养。人是感情动物，终难逃脱一个"情"字。"感情投资"就是在交往之中多了一层相知，在人情世故上多了一份关心和相助，使经过保养的人际关系更加牢靠。

良好的沟通是保养的法宝。用超强的沟通架起你的人脉网的桥梁，在人脉网络的扩展过程中，你的沟通能力也会随之有大步的提升，如此良性的循环，可以使得你在任何情况下都能够随环境的改变而轻松周旋于各种场合，为自己的人脉网增加新的活力。

注重保养人脉，让一个原本业绩平平的车险推销员打通了通往成功的捷径，超强的沟通也使得他将别人的人脉资源从容纳入了自己的人脉网。

布鲁斯是一位年轻的车险推销员，工作十分努力，每天都早出晚归，但总不见好的效果，业绩不见起色。他生于一个不太富裕的工薪家庭，身边的朋友不多，所以找他买保险的人少得可怜。面对陌生的客户，布鲁斯不知道如何才能让他们接受并认可自己所卖的保险。为了改变现状，他报名参加了拓展人际关系的培训，这才发现，原来自己最大的问题就是根本不知道该如何去与他人沟通。于是，他暗暗地以全公司业绩最好的波尔为榜样，开始和波尔进行交流往来，并与他建立了很好的私人关系并注重对这种关系的呵护和保养。布鲁斯不但从波尔的身上学到了很多与人沟通的技巧，而且还进入了波尔的人脉网，三个月下来，他成为波尔最有竞争力的车险销售高手。

可见，不论从事什么职业，都离不开人脉。俗话说得好：朋友多了路好走。那么如何才能让他人成为自己的朋友从而拓宽自己的人生之路呢？这就需要交流与沟通了。

在与人交往中不仅要建立优质的人际关系，而且还要对人际关系网络经常保养，从而促进它的坚韧性和牢固性。在现代通讯交通高度发达的社会中，对人脉进行有效保养是非常方便的，保持与人有效沟通，就是理想的人脉保养手段。

过年过节，祝福短信、祝福电话会成批地在人们中间传递，大家享受着别人祝福的同时将这种快乐传递给身边的亲戚与朋友。电子邮件不仅可以送去温暖的祝福，还可以发送美丽的图片，给对方带来视觉上的新奇和感觉上的快乐。QQ 信息也如同潮水一样在人们之间来往。遇上假期，大家相互拜访，一同出游，更融洽了彼此的关系。如果朋友生病了，及时前去问候，如果没有时间就打个电话以表关心。有意识地记住好朋友的生日，在朋友生日的前一天或者生日当天送上美好的祝福，这将是最能表达诚意的人际交往手段。

总之，适当地进行联系沟通可以增加自己的人脉，可以增长自己的人气，积蓄自己的人脉存款。从而让自己在人生路途上要风得风，要雨得雨。

21 世纪是一个信息高度膨胀的时代。良好的沟通，能帮助人们及时掌握新信息，从而为工作和生活带来方便，也为人脉保养提供了方便。

态度对沟通的效果有直接的影响。试想，如果一个人总是盛气凌人，摆着死板的面孔，那么谁也不会愿意与他接触，就更谈不上感情的交流和意见的沟通了；反之，如果是笑口常开、热情大方,别人自然愿意与之亲近,沟通也就在无拘无束的气氛里完成了,也就自然而然地达到了保养人脉的目的。

保养人脉的前提就是与人沟通。只要生活在这个社会上就需要交往，只有学会与人沟通，才能有进一步与人交往的机会,才能有机会把陌生人变成朋友，把一般朋友发展成为莫逆之交,把生意场上的对手变成伙伴。有了良好的沟通能力,就有了保养人际关系的有力武器。

有些人看上去朋友很多,但交情深厚的却寥寥无几。比如那些在交际场合活跃的人,看起来人脉资源丰富,但到最后愿意为其两肋插刀的却都不是这些看起来热情形同莫逆之交的人。因此,在你通过各种应酬为自己扩大人脉范围的同时,一定要时常地对你人脉中的重要朋友进行感情投资,让他们成为核心人物。

当你与众多的人都有了联系之后,就应该着意经营自己的优质人脉了。在茫茫的人海中,既然你能够与人相逢、相识,必定今生有缘。虽然相处的时间不长，但你们之间的关系却值得珍惜、持续下去。当与对方分开后,仍然需要保持相互联系、历久弥坚的关系,否则指望着在某次聚会中认识的朋友在日后给予你很大的帮助是不现实的。

可是生活中偏偏有这样的人,他们生来就很贪婪,对自己所得到的不知满足,总希望能够得到更多,而到最后,也只能是落个穷人的下场。

在一个破旧的屋子里,住着一个穷人,他穷得只剩下一个能够勉强下咽的窝头了。

他躺在破烂的地板上,想着自己的悲惨遭遇,自言自语地说:“我穷得快要饿死了，可那些富人却连一口饭都不肯给我，我真的好想发财，如果我发了财，一定要帮助更多需要帮助的人,绝对不做像富人那样的吝啬鬼。”

这时候神突然出现在穷人的面前,说道:“你的愿望我可以帮你实现，现在就让你发财，我会给你一个有魔力的钱袋。”

神又说：“这个钱袋里永远都会有一块金币，是拿不完的。但我有一点要求，就是当你觉得得到的金币足够多的时候，要把钱袋扔掉才可以开始花钱。”

神说完话就消失了。在穷人的身边，果真有了一个钱袋，里面有一个金币，穷人把金币拿出来之后，里面又有了一个。于是穷人不断地往外拿金币。穷人拿了整整一个晚上，得到的金币已经有一大堆了。他心想：“天啊，这些钱够我用一辈子了。”

到了第二天，他感到很饿，想去外面买些吃的回来。但是，他不舍得将这个钱袋扔掉，于是，他又开始从钱袋里往外拿钱。

日子一天天过去了，穷人现在完全有能力去买吃的、买房子、买最豪华的车子。但是他自言自语地说：“还是等钱再多一些的时候再说吧。”

他不停地拿，金币已经快堆满整个屋子了。可是他的身体却变得越来越虚弱，他的头发全白了，脸无血色，面黄肌瘦像个难民。他已经奄奄一息了，还用微弱的气息说：“我不能扔掉钱袋，因为金币还在源源不断地出来啊！”

终于，他倒在地板上死了。

贪得无厌最终一无所获。同样，人脉网也是如此，也许你认识了很多人，形成了一定的人脉规模。但是，你总是希望自己能够认识更多的人，就如同钱袋的金币一样，远远不断地将他们从口袋里掏出来，可是有什么用呢？金币没有帮助穷人买到吃的、喝的、住的，这些宝贵的资源就变得毫无意义。

以上的故事说明了一个人脉经营的理念，那就是“常用的钥匙最有光泽。”要把这把钥匙擦亮需要从以下两个方面考虑。

平时注意和周围的人培养感情是投资就会疏远，当彼此变得陌生的时候，你再去托他办事，恐怕很难成功，除非是某些关系到他个人利益的事情。因此，不要忘记时常与朋友联系，你不想投资，是不可能获得回报的。

三国时的枭雄刘备在人脉投资上就做得很好。刘备在读私塾的时候，十分聪明，又讲义气，他的同学与他都有很深的交往。后来大家分开后，刘备还不忘与这些同学们时常保持联系。其中有一个叫石全的人，家中很穷，但是刘备并没有因此而疏远这位朋友，时常请石全到自己家里做客，并与他畅谈天下的局势。

后来，刘备在一次战役中兵败，受到敌人的追杀，此时，石全冒着生命的危险将刘备藏了起来，刘备方免遭此祸。

人与人的情感是需要维护的，若你不懂得时常与他们联络感情，那么再好的朋友也会渐渐疏远。所以，你一定要真诚地维护分开之后的朋友关系，才能使友谊长青。

有些人认为：一旦与对方建立了很好的朋友关系，就不再需要维护它了。这样就容易忽略双方关系中的一些细节问题。下面所讲的就是一个很好的例证。

张继科与刘建永是在一次宴会中认识的。张继科是某公司的负责人，平时工作十分忙碌，很难有时间参加这样的宴会。席间，刘建永和他越谈越投机，大有相见恨晚的感觉，而后的日子里，两人的联系越来越频繁，没过多久便成了无话不谈的好朋友。

但是有一段时间，张继科有一项重要的企业规划方案需要亲自负责，这就使得两人见面的机会少了些。刘建永有事需要张继科帮助，有一天，他没有打招呼就去办公室找张继科，张的秘书示意他稍等片刻，但刘建永心想：我和张继科是铁哥们还用得着这样麻烦吗，于是不听劝告硬闯进张的办公室。

恰逢张继科召集公司的管理人员研讨方案，刘建永的闯入不仅打扰了他们的工作而且让张继科很没面子。

所有的人都把目光投向刘建永，张继科把脸一沉很不客气地说："我现在正忙，你出去等一会儿。"刘建永只好灰溜溜地走出去关上了门。

可想而知，两个好朋友会因此产生隔阂，从而毁坏一份很不错的友谊。因此千万不要因为你与朋友的关系好，就不顾及他人的感受。很多时候，就是因为不注意小节，而导致朋友的流失。不要贸然打搅他人，在需要解释的时候，别认为对方能理解，不要随意说一些可能伤害朋友自尊的话，这些都是我们保养人际关系时应该注意的。

如果你的朋友在你生病的时候会为你流泪，在你痛苦的时候会借给你肩膀，在你失意的时候会给你鼓励，那么你精心保养的人脉可以算是成功了。还有一个简单而有效的感情投资方法，那就是在朋友健康平安的时候与他们交好，而在他落难艰难的时候伸出你热情的双手。通常情况下，在危急时刻懂得保养人脉不仅能换得很好的口碑，而且会收获更多的人脉。

温馨小贴士

人们都知道机器要定期进行保养才能避免出故障，增加运转的寿命。人脉也是如此，人脉宛若花草一样，如果长期不浇水、施肥、修剪就会满目狼藉甚至一命呜呼。交情需要彼此不断交往才能长期存在。保养人脉主要是从平时的小事来做起。需要持之以恒去维系人脉的纽带，需要精心呵护人脉的成长和发展。

化敌为友拓展人脉

人与人之间的交往，少有一帆风顺的，难免磕磕碰碰、吵吵闹闹，甚至是激烈对抗的时候。那么，当你面对令自己感到不愉快甚至极为记恨的人时，你会如何对待他们呢？或许，痛快地发泄一番的确能让你激动的心情暂时得以平复，但这样做的后果是得罪人，为自己树立一个敌人。因此，与其用愤怒的方式“以暴制暴”，倒不如与你的敌人握手言和，增加人脉的分量。

大多数的人在面对自己的“敌人”时，都有灭之而后快的冲动。即使在环境不允许或是没有能力消灭对方的情况下，至少也会保持仇视的态度，说一些使对方不舒服的嘲讽话，或者暗地里耍些不利敌人的小手段。其实冷静下来的时候，你是否问过自己：在攻击敌人的时候我得到了什么？

大家都知道“多一个朋友多条路，多一个敌人多道墙。”能够当众拥抱敌人的人，他的成就往往比不能正视敌人的人更大。若是能够将敌人储存进自己的人脉中，那么你自然能得到他们带给你的回报。在一个美国人身上，就发生过这样一件事情，足以证明与敌人握手做朋友是多么让人快慰的事情。

丹尼尔是出色的自由撰稿人，他的作品在美国有很大影响，多家出版社都与他有长期的合作关系，他自然不必为了生计发愁。但是，第二次世界大战爆发后，整个国家都处于慌乱紧张的氛围中，再不会有人边喝咖啡边看丹尼尔的作品，他必须重新找一份工作维持生活。

丹尼尔没有特别擅长的技术，唯独的优势便是他能说好几国语言并能写好几国的文字，所以他想在一家主营进出口贸易的公司谋份秘书的职务。他发出了很多求职信，但不是石沉大海，便是得到拒绝的回复。

丹尼尔翻看着一封封回信，心情糟糕到了极点，他随手又打开了一封，这封信上的内容简直令他暴跳如雷。信上说："你在文学创作上的确有很深的影响力，我也曾拜读过你的大作。但是，你现在希望到我的公司里担任秘书的想法实在是愚蠢至极，我根本不需要任何替我写信的秘书。还有，即使我需要我也不会雇你，因为你的日语和法语简历中全是文法错误，这可真让人扫兴！"

丹尼尔拿起笔，想要写封回信痛斥这个无理的人。他一口气写下了所有的愤怒之情，但接着他停下来对自己说："我怎么知道这个人说的不正确？我的日语和法语的确有一些基础，但这并不代表我就不可能犯错误，如果真是这样的话，那么一定要努力学习和改正才对。这个人也许帮了我一个大忙，虽然他本意或许只是想奚落我。我为什么不用感激的心情来接受他对我的奚落呢？针锋相对并不能使我获得一份工作，为什么要给自己树立一个敌人呢？"

于是他撕掉了刚写好的信，又重新写了一封："您说并不需要一个替您写信的秘书，因此，我十分感谢您能不嫌麻烦给我寄来了回信，对于占用您宝贵的时间我非常抱歉，对于我简历中的文法错误，我十分惭愧，也很难过。我现在打算努力学习日语和法语，以改正我的错误，谢谢您帮助我走上了改进之路。"

没过几天，丹尼尔又收到那个人的回信，信上客气地请丹尼尔来他公司坐坐。丹尼尔去了，并且在这次造访中得到一份工作，他不用再为自己的生计担心了。

若是丹尼尔寄出他在气愤时写的第一封信，他就不可能有工作的机会。因此,只有懂得与敌人握手拥抱的人才是真正的人脉高手。

当你愤慨地面对敌人的时候,不妨这样劝劝自己:他们是自私的、想占我便宜的人,我不去理会他们,更不会想去报复。我知道,一旦我有了报复的想法,那么我对自己的伤害,要比对敌人的伤害更多。所以,我愿意伸出手来接纳我的敌人,让他们成为我的朋友。

与你的敌人化干戈为玉帛,听起来是件好事,但是具体做起来就没有那么容易了,只有那些有远见、有修养的人才可以做得到,一般他们都有较大的成就。

在这里,需要注意这样几种人:与你争吵的人不见得就是你的敌人,当你与他人发生争论,甚至发怒的时候,你们就会陷入形同吵架的状态。随便向人发脾气是不对的,此时你一定要抱着"退一步海阔天空"的心态去面对任何突发的状况,就能够"守得云开见月明"了。

有一些争论的对象可能是某些重要人物,在对某件事情的观点,存在不一样的见解,这时不妨大胆说出自己的想法,没准反让对方对你产生好感。你和对方虽然处于争吵的状态,但这是基于拥有共同沟通基础的。所以,不要害怕争吵,但要将它控制在能控制的限度内。

对苛刻的人应该注意细节。苛刻的人总是对别人的言行吹毛求疵,甚至可能因为某天你没有同他打招呼就认为你不拿他当回事。虽然你们开始的时候不是敌人,但你也要小心维系你们之间不冷不热的关系,只要你有一点小事没有做好,就会成为让他抓住的一条"小辫子",从而将你列入他的敌人之列。

对这样的"敌人"可大胆地与他沟通,把心中的想法全部说出来,别怕因此得罪了他,"袒露心扉"的方法绝对要比"小心翼翼"见效得多。

笑面人往往皮笑肉不笑，他们都有一个共同的表现，那就是看起来与任何人都是朋友，对谁都没有意见。你要提防这样的人暗地里“插一刀”，他们是比较危险的人物，这样的人多数都会用“软刀子杀人”的手段打击报复。

虽然这样的人看起来与谁都是朋友，但在他们心中，真正值得信赖的人寥寥无几，你要尽力走进他的内心，成为他的朋友，这会给你的人脉带来颇为有效的新活力。

让你的敌人成为你的朋友，让别扭的人不再别扭，如果你能做到这些，那么你离事业的成功也就举步之遥了。

宽恕是美德，也是化敌为友的关键，只有那些成熟、有智慧的人才可以做得到。因为他们懂得什么东西对自己更有意义、更有价值，报仇虽然有消心头之恨的作用，但可能使自己迷失，使人脉网络坍塌。

温馨小贴士

俗话说敌人和朋友是相互转化的，如果能够将自己的敌人转化为朋友就相当于推倒了墙，铺成了路。这对自己是少了一份阻力而多了一份推力。想攀登事业顶峰的人就应该充分利用这一有力措施，扩展自己的人生之路，最大限度增加自己的人脉储蓄，让自己在“眼前一笑皆知已，座上全无碍目人”的和谐有利的环境中发展奋斗。

第七章
充分利用你的人脉资源

人脉资源根据形成过程可以分为：血缘人脉、地缘人脉、学缘人脉、事缘人脉、客缘人脉、随缘人脉等。充分利用这些人脉资源为自己发挥作用也是一门艺术，有资源不懂得利用就像吃了食物不消化一样，食而不化等于没有进食，拥有资源而不利用等于没有资源。为此，梳理好自己的人脉并巧妙地加以运用，就可以轻松解决很多棘手问题。有道是：我家有事众人前来，人家有事积极前往，互帮互助、互惠互利，对人对己都有好处。

同事资源不可浪费

同事资源是在办公室里的人脉资源。这种由工作关系成为朋友的情况十分常见，通过职业交往结识到的朋友具有很强的专业往来，他们在某一领域有丰富的人脉，你结识一个人就能了解这一行，并通过这一个人结识更多的行内人士。善于利用这样的资源，也能不断丰富自己的人脉网。

充分利用工作中积累的人脉资源充实自己的人脉网络，已经成为许多人创业成功的捷径。

如果你在从事的行业中是活跃分子，那么就能非常轻松地洞察到竞争对手的行动，比如，你能通过人脉网络了解到某公司为什么有许多资深员工跳槽，或是在此行业中有没有什么有用的小道消息，这些宝贵的信息能成为你制胜的法宝。

在办公室资源中，你需要尽量与行业里的专家、学者、资深人员、管理人员等一些能够起到帮助作用的人进行深层的交往，他们都是你在行业中切入人脉网络的最好入口。

同事与自己在同一公司朝夕相处，大家因为有缘聚在一起，应该好好珍惜这种缘分。在工作上的合作，在生活上的照顾，在人情世故上的往来，使大家有一种温暖的归属感。

一定要处理好同事之间的关系，让你的同事成为你的朋友，从而加重人脉资源的分量。

在同事中有个好人缘，好多事情就容易办成了。例如，张芳因为有事请假一周，正好在这周有个评优申请活动，需要上交个人资料和信息。由于平时与同事处得很不错，大家决定帮她这个忙，一个同事根据自己对她的了解为她写申请，另一个同事忙着搜集她的个人信息为她整理个人资料，还有一个同事为她写证明材料，就这样大家一起动手，张芳就评上了优秀员工。当她回到公司，领导让她去领获奖证书和奖金的时候，她一头雾水，后来才知道同事为她做的这些事情，感动得泪水弥漫了她的眼睛，她激动地向大家道谢，大家说这是她应该得到的。可见，拥有好人缘是件多么有意义的事情啊。

人们在利用关系网办事时，总认为同事之间只存在猜疑和忌妒，这是一个错误认识。在现代社会中，一个人在家和家人相处的时间和在单位与同事相处的时间差不多，一个有手腕的人不会忽视同事之间的友谊。

其实同事之间的关系是最直接最方便利用的关系。每一个人在单位都有表现自己的欲望，求同事办事就等于为他提供了表现个人能力的机会，即便遇到困难也得办，即便有时担心领导不满也得办，以便在同事中维护自己急公好义的形象，同事的事和单位的事一样，每个人都会感觉自己有一份责任和义务。因此，找同事办事不用有太多顾虑，在适当时候该开口时就开口。但也应该讲究方法艺术，应该注意某些事项。

与人交往要有诚心，与同事交往更要这样。同事之间了解得比较多也比较深，如果找同事办事藏藏掖掖，想托人办事又神神秘秘，不把事情说明白，容易使同事产生不被信任的感觉。要相信精诚所至金石为开，找同事办事要先说明要办什么事，坦言自己为什么办不了，为什么要找他，同事只要能办一定会帮助办理的。

同事不是无话不谈的朋友，一般没有太深的交情。因此，找人说话要客气，而且要以征询的口气与同事探讨，请他帮忙想办法。受到如此尊重，同事如果觉得事情好办，会自告奋勇地去办，几句客气话，省却了许多麻烦。办完事后，一般不用钱表示谢意，客气几句,就可以了。如果拿钱来表示,容易引起别人的反感,因为同事之间办点事就接受物质感谢会给大家留下坏印象。

从现在开始,建立并维护好一个有助于你成功的办公室人际网吧!为你的未来确定一个关键目标。你确定得越具体,你的关系网就越容易被联结起来,比如将媒体频频宣传的经济人物树立为自己的职业偶像。将你的职业愿望用语言形容出来,然后确立你可以分步骤达到的中间目标。

通过参加社交活动去认识更多的人,每个活动都会为你提供扩大社交圈的机会。你可事先思考一下,你希望认识哪些人,然后收集一些可以与这些人交谈的信息。

不管你是在找一份新工作还是想买一台便宜的手提电脑,但你并不知道谁能够帮助你,"撒网"就会派上用场。将你的愿望告诉你所有遇到的人。口头广告肯定能让你受益匪浅。

积极利用同事间的各种集会,不光是正式的派对。活动前、讲座休息中、午餐时或是在飞机候机室里,你都不要置身事外。你可以结交你的同事、领导以及你对面的人。事业的成功也可以是在下班时间取得的。

仔细而且积极地倾听,通过提问,你可以让谈话朝你希望的方向发展。为了你的现在和将来,为了你自己和他人,应该收集一些联系方式和值得了解的信息。

填写同事人脉记录卡片是积累人脉的好方法。记录在什么活动中结交的什么人,不要只写下名字,而要写下你对他们工作最感兴趣的方面,在需要时就可有所侧重地查看卡片了。

保持真诚的交友态度是维系人际关系的妙招。建立人际网固然重要,可是缺乏妥善的管理会让你过去努力建立起来的人脉网络付诸东流。因此,不要因为同事要休一年的产假或另谋他职,就将她从你的联系人名单中划去。保持和她的联系,即便是她和你目前的工作完全没有联系。只有当你在事业顺利的时候维护好你的人际关系，你才能在不顺利的时刻获得帮助。

介绍过去的同事加入你现在的人脉网。你的人际关系网是张安全的网，因此你可以慷慨些，介绍昔日的同事加入你们的行列。这里的价值在于，你是这个关系网中的一分子而且是介绍人的名声就此传开。

不忘祝福。在同事生日时送上鲜花，在行业报告中读到老同事获得成功的文字时发一封祝贺的电子邮件给他，你会发现自己也会收到意想不到的祝福，也会有人想着你。

建立一个固定的联络方式。与同行在聚会上碰面，在这种内部聚会上会收获不少免费的内部消息、工作方法的建议和成功的战略。这些东西都会帮助你在事业上更好发展。

在整理同事资源的时候不要忘记上司也是你的同事，并且可以成为你的朋友。

想成就大事业的人单单依靠自己的力量是不够的，良马也需遇到伯乐才能施展自身的才能，为了使自己有一个广阔的舞台，最大限度发挥自己的能力实现自己的价值，拉拉关系、走走捷径，只要不违背社会常理，不要觉得难为情。毛遂自荐也不失为成就人生的好办法。

有“头脑”的人在社交生活中善于与自己的上司处理好关系，以此来成就自己的事业。

怎样才能让上司认可你的工作能力，重视你的存在价值呢？怎样才能与上司建立良好的人际关系呢？

首先，应该正确看待领导。把上司看成你命运的主宰，成功的阶梯，去逢迎他们；或者是把他们看成是做官的，与自己毫不相干，除了公事以外，彼此不闻不问，敬而远之；抑或觉得他们的学历比自己还低，对他们不屑一顾，这些都是不对的。

正确的方法是，把上司看做是与你的前途密切相关的人，是你的直接领导，你应该尊重他，使他对你产生好感。不论是上司的公事还是私事，你都应该积极关注，努力做好，这样，你才能与上司搞好关系，实现自己的愿望。

有些人在领导面前战战兢兢，连话都不会说，这是不自信的表现，领导是不会欣赏的，更不会将重要的事情放心地交到你的手上，也不会与你建立友好的关系。自己和领导在人格上是平等的，只要把自己分内的事情做好就可以了，没有必要感到不安。

领导最看重的还是员工的工作业绩，只有把工作做好了，才能在竞争激烈的社会中有钱赚，公司才能不断盈利不断壮大，领导才有成就感。好的公司都是用实力来说话的，所以只要懂得基本的为人处世，并能最大限度发挥自己的作用，推动公司的发展，领导是不会视而不见的。

精明的领导，非常厌恶别人在他的面前搬弄是非，大家都知道"来说是非者，便是是非人"。你必须学会多赞扬别人，不在背后道人长短。因为一旦走漏了风声，领导对你的印象会大打折扣，被你说的人就是你的死敌。一不留神，你就会变成众矢之的。

要珍惜上司对自己的信任和重视。不要擅自专行，否则，就会侵犯上司的职责或抢了上司的功劳。尽量别让对你抱有殷切希望的上司失望，不然，要重塑这份信任则需要更大的代价。

温馨小贴士

作为公司的一名职工，公司里的每个人都是你的同事，不管是老板、下属还是清洁工，与任何一个层面的同事都处好关系才是搞好了自己的同事关系，这些同事都可能在某个时候帮自己一把。上司比自己拥有更多的自主权和更宽广的社会背景，可能会帮助自己解决某些大困难，公司的其他同事都有各自的圈子和特长，在某些时候也会为自己帮大忙。珍惜同事关系是受益匪浅的事情。

让同学助自己一臂之力

许多人都是从学校踏入社会的，不管学历怎样，都会在上学结识一些志同道合的好朋友，他们如同被刻在你的记忆里一样始终那么熟悉。你在别人的记忆中同样如此。所以在为事业打拼的今天，千万不要忘记这些在特殊的岁月里积累的人脉资源，要学会努力使用这些人脉资源，让自己成为这个人脉链条中的一环，尽力去帮助别人，同时得到别人的帮助。

同学关系是非常纯洁的，有可能发展为长久、牢固的友谊。因为在学生时代，人们年轻单纯、热情奔放，对人生未来充满理想，而这种理想往往是同学们共同的追求目标。加之同学之间朝夕相处，彼此的性格、脾气、爱好、兴趣等都互相了解。因此，在同学中能够找到合适的朋友。得到朋友的帮助也非常正常。

在同学中寻找和建立朋友关系的做法也有所讲究。例如大家多年不见，彼此的工作领域也有了很大的差距，这时已经不同于学生时代，但可以将焦点对准目前的现状。原则上，只要拥有进取心且正在奋斗中的人即可。即使对方在学生时期与你交往平淡，你也必须主动地加深与其交往。如果你很幸运地找到了凡事均能热心帮忙的对象，就更易与其建立良好的关系。

如果，你在学生时期不太引人注目，想必交往的范围也很有限。现在的你没有必要让思想停留在过去。每个人踏入社会后，所接受的磨炼是不相同的，绝大多数人会受到洗礼，而变得相当注意人脉资源，因此即使与完全陌生的人来往，也能相处得很好。由于这种缘故，再加上曾经拥有的同学关系，你可以完全重新展开人脉资源的塑造。

另外，不论本身所处的行业领域如何，应与最易联络的同学（初中、高中、大学等）建立关系，再从这里扩大交往范围。不妨多运用同学的人脉资源，来为自己的成功找到助力。

同学关系，是最亲近的一种关系，也是你人际圈中最重要的人脉。因为同学之间往往接触比较密切，彼此也就十分了解，而且重要的是，同学之间很少存在利益冲突。因此这种友谊比起一般朋友更纯洁、更可靠。

对于校友相互提携的作用不可小视。在我国法律界有一个著名的“西政现象”，便恰如其分地说明了同学人脉资源的作用。西南政法大学的毕业生遍布中国司法实务界和学术界，据说最高法院中的一半人都是从西政走出来的。正是由于同学之间的相互推荐和联系，使得多数人走上了成功的道路。

现在人们已经充分地认识到同学是重要的人脉资源，在校的忙着建立关系，工作的人也纷纷回校参与各种培训。有的学校甚至在招生简章中就直接声明，经过培训将会得到更广阔的人脉网络，作为吸引生源的一种方式。

同学资源是最值得珍惜的人脉资源，如果你能够有效地加以利用，那么每个有所作为的同学都可能成为你的贵人，助你走向成功之路。

在现代社会中，一些人因同学关系处理得不妥当，在相聚的时候十分冷漠，分开以后也不来往，“你走你的阳关道，我过我的独木桥”，只有在遇到困难的时候才想起同学，那就太晚了！

随着人类社会的不断进步，人类认识的不断提高，人们加深了对各种人际关系的认识。很多人在和同学分开后，常保持联络，例如成立同学会，这真是一种很有见地的方法。一年一小聚，十年一大聚，证明了同学关系已经进入了更高的层次，不受时空的限制，只要有“聚”，那份关系和那份情就会用之不竭。

同学之间要保持联系，通常开始接触一群人时，关系进展的速度和接触的频率成正比。想保持良好的同学之谊，你就应该多和同学们保持联系。有时间给远在他乡的同学们打个电话，通通信，询问一下对方的工作、学习情况，介绍自己的情况，这是非常有必要的。遇到同学的人生大事，若有空要尽量参加，实在脱不开身就写信或托人带点什么，否则，怎能算得上是同学之谊呢？

同样，当听说同学家里有人生病或者遇到不幸的事，要立刻去看一看。平常因为工作忙、学习重，没有太多时间来往，可是朋友有了困难一定要给予帮助或安慰，这才显出你们之间的情谊来。“患难见真情”，关键的时刻拉同学一把，同学自然会铭记于心。

与同学保持联系，好处是不言自明的。例如，你在工作中遇到烦心事，可以跟同学聊聊，排解一下心中的积怨，而且他很有可能给你很多建设性的意见。

同学之间交际的重要原则就是通过多次接触来加深同学关系。原则上要和同学直接接触，只要有见面的机会，就要积极接触。忙时用书信联系也可以。

与同学交往，不能给对方增加负担。如果赠送礼物不符合对方的身份，很有可能让同学觉得你别有用心；不合时宜也会让对方误会。

不论是周末还是节日，趁同学不在家的时候去拜访同学的家人，也是接近同学的好办法，因为这样不必要在朋友的家里待得很久，也少了一些直接面对朋友与其家人套近乎的尴尬。

同学关系处理好了，让同学在事业上助自己一臂之力就成了水到渠成的事情。

温馨小贴士

同学之间是比较熟悉的，大家一起学习、一起生活，即使平时不经常说话彼此也会有所了解，因为大家同属于一个集体，有共同的归属感。走出校门同学之间就会更加亲近，如遇同学有事相求必会伸出援手。同学关系很微妙，如果交情深厚，对于同学的求助会肝脑涂地在所不辞，如果交情一般就需要花点心思让同学之情显现出来。同学是人际关系的重头戏，用好这部分人脉将如虎添翼。

亲戚是最亲近的人脉

俗话说亲戚是父母为自己找来的朋友，朋友是自己为自己找来的亲人，血浓于水的亲情是自己人生中坚不可摧的后盾，亲戚是人脉资源中最亲近的一脉，遇到困难时，只要打声招呼，就会不辞劳苦前来帮忙。

不可忽视的是，亲戚关系是比较复杂的关系，主要表现在亲戚之间存在着多种差异，比如经济的、地位的、地域的、性格的等。这些差异既可能成为彼此交往的理由，也可能成为产生矛盾的原因。

因此，亲戚关系和其他关系一样，在交往中也存在一定的规律，懂得处理亲戚关系的人，就要遵循这些规律办事，就能使关系越来越亲密，违背了这些规律，亲戚之间也会结怨。

亲戚之间在相互交往，相互求助中应该注意分寸，俗话说：亲兄弟明算账，经济往来要清楚，不能弄成一笔糊涂账，才能避免各种矛盾。

求助过程中，因为经济利益而得罪人，在亲戚之间是屡见不鲜的。比如亲戚之间的借钱借物等财物往来是常有的事。有时是为了救急，有时是为了帮助，有的就是赠送，情况不同，但都体现了亲戚之间的特殊关系，把这种财物往来都当成表达自己心意和特殊感情的方式。

作为受益的一方在道义上对亲戚的慷慨行为给以由衷的感谢是必要的。如果把这种支持和帮助看成理所应当，不做一点表示，对方就会感到不满意，而影响关系。

另一方面，对于需要归还的钱物，一定要及时归还，如不能及时归还一定要提前声明。这是因为亲戚之间也有各自的利益，一般情况下应把感情与财物分清楚，不能混为一谈。只要不是对方明言赠送的，所借的钱物就要按时归还。有的人不注意这个问题，以为亲戚的钱物用了就用了，对方是不会计较的。如果等到亲戚提出来，就不好看了。

对来自亲戚的帮助要注意给以回报，这既是加深友谊的需要，也是报答对方帮助的必要表示。如果忽视了也会得罪人。

总之，亲戚之间的钱物来往，既可加深感情，也可造成矛盾，就看你如何处理了。

亲戚之间虽有辈分的不同，但也应当相互尊重，平等对待。特别是在彼此的地位、职务存在差异的情况下更应该这样。

常言说："穷在大街无人问，富在深山有远亲"。就亲戚而言，财大的、地位高的人对比不上他们的亲戚是很有吸引力的。地位低的人总是希望从地位高的人那里得到一些帮助，同时在他们提出自己的请求时，又怀有极强的自尊心。

在这种情况下，如果地位高的一方对来求助的亲戚表现出不欢迎的态度，就很容易伤害对方的自尊。一般说来，地位低的人对于被小看是很敏感的，只要对方露出哪怕一点冷淡的表示都会计较、不满，造成不良的结局。

还有另一种情况，就是有一些人求亲戚办事，特别是办一些有违原则的事，人家没办就心怀不满，说人家不讲情谊。这也是很伤人心的。

在有地位差异的亲戚之间，最常见的矛盾是在求与被求之间，一方不能满足另一方要求的情况下发生的。因此，如果遇到了类似的问题，一方应注意尽量满足对方的需求，求人方应考虑对方的难处，尽量不要给人家出难题，即使因客观原因不能满足自己的需求，也应谅解，不能过多计较。

亲戚之间有远近之分，因此在相处中要掌握分寸，不要一厢情愿、为所欲为。

“亲戚越走越亲”是一般原则。但看你如何走法，这里也有着一定的方法技巧。

亲戚之间的来往随着时代的变化也有变化。过去，大家不分彼此，生活大同小异，有事没事在亲戚家住个十天半月、一年半载都是正常的事情。但是现在，这种走亲戚的方法已经不太合适了。因为大家都有自己的工作，都有自己的生活习惯，在亲戚家住的时间过长，就会影响人家的生活，产生一些矛盾。

为此，我们要避免在亲戚家久住，即使因有事不得不暂时住下，也要注意尽量不影响人家正常生活。

到亲戚家应该客随主便，不能由着自己的性子来。见到亲戚家的人早早起床，即使自己再爱睡懒觉，也要克制一下。

在与亲戚交往中要不断优化自己的行为，如果不当，同样会得罪人。要珍惜自己的亲戚资源，让这些资源成为你人脉中的永久动力，为你的事业增添力量和机遇。

温馨小贴士

亲戚是人们最惯用的人脉，因为亲戚是血缘关系的代称，血缘关系是最可信赖的关系。亲戚人脉就像巨大的藤萝，彼此互通互联，不论是传递信息还是解决问题都能发挥最大的作用。但亲戚之间的关系也有远近亲疏，如果不经常走动就会感觉很陌生，让陌生人为自己办事效率岂不是很低？平时不可忽视，用人之时才好讲话。

借老乡的力量更进一步

乡土情结是人们久谈不厌的话题，特别是漂泊他乡的人们对此更有深刻的体会。文学上称之为草根情结，并对这一情结有着深入的研究及深刻的认识，可见乡土情的确有着莫名的震撼力。因为有着乡土情结所以老乡在人们看来倍感亲切，老乡之间帮忙就成了自然的事情。人生四大喜事之一就是他乡遇故知，这里的故知一般是指自己的老乡。老乡之所以让在异乡的人们感到安慰，主要是因为有共同的地域，共同的生活方式和许多共同经历。这些使得老乡之间有着不同一般的感情积淀。

人们常说："老乡见老乡，两眼泪汪汪。"由此可以看出乡土情谊之浓。远离家乡，漂泊在外，求求老乡，有时也是一种快捷有效的途径。

随着社会经济的发展，人口的流动性越来越大，许多人离开家乡，到异地谋生。身在陌生的环境里，同乡人自然就成了建立人脉网络的最好资源，如果只身在外感到拓展人际关系有一定的难度，那就应该开动脑筋，从同乡入手，打开人脉资源的局面。

中国人有着强烈的乡土观念，其表现之一就是对同乡有天然的热情，尤其是到外地上学或谋生时，这种同乡感情就愈发强烈。

在大学里经常可以见到来自同一地方的学生组织的"老乡会"，大家一起聊天、吃饭，有人觉得这些人落后狭隘，后来发现有些教师也参加这些活动，更让人难以理解。但后来发现，他们那种“抱成团”的宗旨的确给大多数同乡带去了“实惠”。一旦老乡有了困难大家一起帮忙，好多青年男女在老乡会中认识了自己的人生伴侣。

现在，这种老乡会在大学里随处可见，在网络上也比较盛行，通过QQ群组织起来的老乡会，通过同学录组织起来的老乡会，还有校内网上的同学群。这些现代化的联系方式，让老乡之间的联系更加密切。

这种同乡观念有一定的凝聚力，在内互相提携，互相帮助，对外则团结一致，抵御外来的威胁。

如果乡土观念过重，同乡关系也有过火的时候。

阎锡山是山西五台人，当时山西就流传出一句话：“会说五台话，就把洋刀挂”；韩德勤是江苏洋河人，他当江苏省主席时，那里的百姓则说：“会说洋河话，就把洋刀挂”。

阎锡山重用五台同乡，山西省政府的重要位置大多被五台人占据。陈炯明是广东海丰人，他做了广东都督后，大用海丰人，省政府内大都能听懂海丰话。孔祥熙是山西人，他在金融系统重用山西人，理由是“山西人会理财”。很多例子都说明同乡之间浓厚的乡土情结。

古语说：“一人得道，鸡犬升天。”在一个地区出了一个显赫人物，往往会带出一大帮人。到了近代，这个现象似乎特别明显。大批的同乡做了官，形成一定的势力圈之后，这个地方自然要被说成“人杰地灵”。

中国社会的文明制度，制约着用人制度，影响着用人之风。既然“人治”的痕迹还很深，任用人才就难免依靠少数人的举荐，那么出于保证行政效率，保证意见比较集中，保证权力不被其他势力所威胁，任用同乡就成为非常现实的事。只不过这种做法的最终后果，是给时代打下了“乡党政治”的落后烙印。

我们避开乡党政治的有关问题不谈，只想通过上述例子说明：既然同乡观念在人们头脑中根深蒂固，足以影响一个人的思想感情和人脉资源，那么我们在日常生活中就要重视它的存在。

同乡人脉资源在清朝得到了淋漓尽致的体现，比如曾国藩喜欢用湖南人，成立的军队也称为“湘军”，而李鸿章训练的部队则称为淮军；张作霖号称为东北王，他所用的便都是东北人，等等。这样的例子不胜枚举。

人们对同乡的感情是发自肺腑的，因为同乡的关系大都具有人文情感和地域情感的双重特点。一个村子里的人，到了镇里就成了同乡，一个县里的人到了省里就成了同乡，一个省里的人到了京城就成了同乡。

同乡之间有着千丝万缕的联系，如果能好好把握这种不同一般的人脉资源，定能在奋斗道路上更进一步。

温馨小贴士

老乡的概念很广，将老乡纳入人脉范畴会使人脉的开发潜能增大。如果拥有很多能力很强的老乡你却不理不睬，那么这部分人脉就不会起作用。只有将自己融入老乡的人脉链条，自己的事情才会引起老乡们的关注，他们才会对处于困难中的你出手相助。重视老乡这层人脉，帮助老乡做些力所能及的事情，老乡们自然会在适当时机为你解忧消困。

邻居资源是近水楼台

在现有的资源中最容易被忽视的可能就是邻居资源了。街坊邻居是住得最近的，有事情，招呼一声马上就能赶来。俗话说“远亲不如近邻，近邻不如对门”，这就说明了邻里关系的重要性。

在过去的乡村里，邻里之间关系是非常好的，大家整天在一起，忙时一起劳动，闲时一起聊天，吃饭的工夫也要端着饭碗去邻居家坐会儿。谁家做了点稀罕食物总会给邻居送上一些。大家关系融洽。所以邻居关系被人津津乐道。住在城市四合院里的人们同样也是大家不分彼此，和睦相处，胜似亲人。

可是随着社会的发展，越来越多的高楼大厦替代了四合院，也使得本是亲密的邻居之间逐渐冷淡了。

事实上，只要你肯多一点努力和细心，便容易将邻居纳入你的人脉网络，只要从心中认可这些邻居，并愿意同他们成为好朋友，他们多半也会这样待你，你的人际关系也会得到改观。只要用心和你的邻居相处，就会发现你们之间有很多共同关心的事情。

要想拥有良好的邻居资源，就必须有目的地选择一些好邻居。所以在买新房子的时候千万不能马虎，最好先看看你的邻居都是些什么人。另外，不要忘记时常去拜访一下自己的老邻居，告诉他们自己搬迁到了何处，以便以后联系。

如果你从来没有关心过你的邻居，那么你就损失了很重要的人脉资源，就应该从现在开始关心你的邻居，使他们成为你的优质人脉。下面这个例子就说明了邻居资源就像是近水楼台一样，如果经营好了就可以先得月。

任先生的儿子今年 7 岁了，打算告别幼儿园进入小学一年级。小区附近有一所不错的小学，是师大的附属小学，主要针对师范大学家属的孩子招生，外面的孩子进入小学就很难。任先生夫妇前思后想也不知该怎样帮孩子尽早入学，距离开学的日子越来越近，但是孩子入学的事情仍没有眉目，夫妻两人急得像热锅上的蚂蚁。一天吃过晚饭，一家人在小区广场上乘凉，聊着聊着知道了隔壁单元的邻居是师大附小的校长，夫妻两个像是看到了希望，回去商量一番，便开始行动。他们把从老家带来的特产装好给邻居送过去，后来又请邻居一起吃饭，一来二去大家就熟悉了，任先生向邻居说了孩子入学难的事情，邻居主动说看看学校能否接受外来学生。几天过去，任先生接到通知，孩子顺利进了学校。

后来，任先生在下班的时候看到隔壁有浓烟冒出，便走过去看看是怎么回事，隔着窗户一看才知道隔壁失火了，还有一位老人在床上睡觉，他三步并作两步走过去将门撞开，冒着生命危险将老人背出来，然后拨了火警。在把老人送到社区服务站后，他又回来帮助灭火。等大火被扑灭的时候，隔壁的校长夫妇回来了，他们对任先生的帮忙深表感谢。从此，两家的关系就更好了。

俗话说帮人就是帮已，对你的邻居多些关怀，就会得到对方更多的关怀，今天你帮了你的邻居，改天也许会得到邻居更大的帮助。

温馨小贴士

邻居资源是最容易发掘的人脉资源。因为离得近难免会遇到需要对方帮忙的事情,邻里互助自古以来就很自然。但是在现代社会,邻里之间的隔膜越来越深,很多人一墙之隔却互不认识,这是对人脉资源的一种浪费。其实将邻居纳入人脉库并不是一件难事,只需在碰面的时候主动打声招呼、聊聊天,时间一长自然就成为朋友。自己遇到困难邻居就有可能会出手相助。

乐观的心态有助成功

俗话说："心宽云雾散"，心态好吃什么都香，乐观的人每天日子过得很惬意；恶劣的心态比疾病可怕，吃山珍海味也味同嚼蜡，与人交往会把抑郁的情绪传染给别人，所以大家对其避之如瘟疫。

乐观的心态有助于结交更多优质人脉，从而促使自己走向成功。世界巨富福勒就是一个令人叹服的典范。

福勒最初很穷，他的母亲生了7个孩子，为了生计，他5岁参加劳动，9岁之前就像大人一样以赶骡子为生。但有一天他母亲的一番话改变了他的整个人生："福勒，我们不应该这么穷。我不愿意听你们说：'我们穷是上帝的意愿。'我们的贫穷不是因为上帝的缘故，而是因为你们的父亲从来就没有过致富的念头。不仅是你们的父亲，我们家庭中的任何人都没有过出人头地的想法。""念头"这个词跳进福勒的脑瓜，碰撞着他的心灵。

福勒开始为自己发财致富做打算。致富的念头占据了他的全部心思，而把杂念统统抛在脑外。他选择了肥皂业。于是，他像现在很多推销员那样，挨家挨户地推销肥皂。12年之后，他终于有了2.5万美元。他与这家公司达成了购买此公司的协议，先交2.5万美金作为保证金，然后在十天之内付清余款，否则，那批保证金——也就是他的全部财产将不予退还。福勒只兴奋地说了一个字："行！"

这时，福勒其实已经将自己推上了一个很危险的境地，但他感到的不是绝望，而是成功的兴奋。是什么使他如此冒险，就是那个致富的念头，就是他对人生的积极心态。福勒开始筹钱，由于做了12年的推销员，加上他的好人缘，他在社会上建立起广泛的人际关系网。朋友们借给他11.5万美元，只差1万美元了。但是，这时已经是规定的第十天的前夜，而且是深夜，所以那一万美元就成了一个大难题。福勒发愁了。但是，致富的念头和他对人生的积极心态，使他没有失望。他在深夜再次走上街头。成功之后富勒说："当时，我已用尽我所知道的一切资金来源。那时已是深夜，我在幽暗的房间中跪下祈求，祈求上帝引导我见到一个能及时借给我1万美元的人。我驱车走遍61号大街，直到我在一幢商业大楼看到第一道灯光。"

这便是福勒最著名的"寻找灯光"的故事。这个故事教育并鼓励着不计其数的人不断走向事业的成功。

这时已经是深夜11点。福勒走进那幢商业楼，在昏黄的灯光里看到一个由于工作而疲乏不堪的先生。为了顺利执行那份购买肥皂公司的协议，福勒忘记了一切，心中只有勇气和智慧。他不假思索地说："先生，你想赚到1000美元吗？"

"当然想喽！"那位先生因为这个好运气突如其来而有点惊慌失措。

"那么，给我开一张1万美元的支票，等我归还您的借款时，我将另付您1000美元的利息。"

福勒于是讲述了他面临的困境，并把有关的资料让那位先生看。福勒拿到了1万美元。由此开始，他逐步迈进了世界巨富的行列。

不为困难折服的积极心态，是我们走向成功的开始。许多渴望成功、渴望赚钱致富以改变自己贫穷状况的人，如何认识自己当前的一无所有，对以后的发展至关重要。一般来说，那些认为自己反正是一贫如洗，再怎么努力也无济于事的人，必将贫困潦倒一生；而有些人认为，虽然目前我很贫穷，但我通过努力奋斗一定可以变得富有，这样的人终将有一天成为真正的胜者，走上白手起家赚大钱的道路。

我们在一项任务刚开始时的心态决定了最后有多大的成功，这比任何其他因素都重要。成功人士的首要标志，在于他拥有积极乐观的心态。一个人如果心态积极，乐观地面对人生，乐观地接受挑战和应付麻烦事，那他就成功了一半。

积极心态的特点是信心、希望、诚实、爱心和踏实，这是自己能完全掌握的东西。史蒂芬·柯维曾经告诫我们，心态是世界上最神奇的力量。带着爱、希望和鼓励的积极心态能将一个人提升到更高的境界；带着失望、怨恨和悲观的消极心态则能毁灭一个人。因此，一定要保持积极乐观的心态。

在很多情形下，只要稍微调整一下我们的心态、我们的视点，使身心处于良好的状态，就可以获得一个全新的环境感受。

良好的心态是成功的重要条件，然而生活中却存在很多缺乏自信、盲目自卑的人，这些人总是错失机会，很难成功。因此我们一定要相信自己的力量，相信自己平时积累的知识和经验，是可以取得理想成绩的。相信别人能够做到的事情自己同样可以做到。一个自信的人，就会对自己认同、肯定、接受和爱护，进而自我尊重、自我支持、积极发展和完善自我。

个人处事的心态决定着行事的准则和方式，在生活中我们常会觉得无聊和空虚，自己内心也察觉到这样下去并不是办法，如果我们自觉给自己积极的暗示，用积极乐观的心态要求自己，通过脚踏实地的奋斗，一步一个脚印地坚持，一定可以实现人生的梦想。同时用自己的心态影响周围的朋友，形成积极向上的氛围，从而带动一批人向前奋斗。

温馨小贴士

心态乐观的人能够看到事情积极有利的一面，他们首先稳住自己的情绪，然后寻求扭转事态的方法，尽全力使事情出现转机，所以心态乐观的人总能反败为胜。要成为成功者首先要调整好自己的心态，如果总是情绪低落就失去了成就大事的先决条件。因为成大事的人总是会遇到这样那样的麻烦，如果不能坦然乐观地面对必然担负不起这份责任，所以保持乐观的心态是成功者的必备素质。

老人和孩子是突破口

尊老爱幼是中华民族的传统美德，老人和孩子是最需要别人照顾的。自己的朋友是家里的顶梁柱，你善待他的父母和孩子就是对他最大的尊重。事实证明，对朋友家的老人以礼相待，对朋友家的孩子多份关心比对朋友友好要有效得多。这是迂回地接近目标达到办事的目的。

求人办事，所求之人一般是年富力强的人，而且他也一般“上有老，下有小”，这时从他的老人孩子着手，拉近彼此的感情，的确是一个不错的方法。

之所以要把老人孩子当做突破口，是有原因的。

老人小孩容易接近，老人因为体虚力乏在家休养，既没有工作，也不用做家务，想谈话而往往是心里有而无处说，儿女上班没有时间和他们聊；即使有点时间，由于存在代沟也没有话题。因此，老人常很孤寂。如果有人主动接近老人，哪怕是暂时解除他们内心的孤寂，老人也会非常乐意。心理学表明，老年人较中青年人柔和、慈善，容易接近。而小孩天真、好奇、爱动，只要稍动心思就能很快赢得他的亲近。

在与老人、孩子交往时，要掌握他们的心理，让他们喜欢和你接近。

一般地说，老年人见多识广，阅历丰富，精神仓库里储存有大量感性和理性的经验，一有机会，他们总乐于滔滔倾诉，希望能影响感动后人，以此获得安慰。老人长年待在家里，这种滔滔倾诉故事、传授经验的机会实在很少，因此，老人希望有人和他交谈。尤其对于年轻人，他们乐于主动招呼、热情交谈。至于小孩，若你真诚地以诚心相待，带给小孩新奇欢乐，小孩立刻会把你当成“大朋友”“好伙伴”来和你交流。

总之，老人和孩子由于特殊的生理和心理原因，喜欢与你接近。为此，你可以通过老人、小孩达到融洽朋友全家的目的。

老人是长者，而中国人有敬老、尊老的传统。假如老人心旷神怡，全家随之愉快。中国人又十分看重传宗接代，视小孩为家中的未来，爷辈如此，父辈更甚。况且，现在家庭中的小孩多是“独苗”，家里人更是哄捧宠爱，如果能和小孩玩在一块，使所拜访的朋友家庭气氛融洽自是水到渠成。

所以在平时要多了解老人和小孩，除了感性的调查、观察之外，也应适当地进行研究。通过电影、电视，报纸、杂志等媒介掌握有关老人的健身知识、休闲知识，小孩的游戏知识、智力故事等，以便到时借题发挥。例如，王丽因为要办画展而请朋友帮助自己寻找场地，一个周末趁朋友在家，前去拜访，刚进朋友家的门，便看到他们四岁的小女儿正趴在小桌上认真地画画，她在朋友的招呼下在小女孩的旁边坐下，饶有兴趣地看她画的图画，并和蔼地问她都会画什么，喜欢什么动画片，小女孩告诉她喜欢看《猫和老鼠》，她热情地说：“那让阿姨教你画那只可爱的小老鼠吧！”小女孩拍着手叫到：“好啊，好啊！”王丽就认真地教小女孩儿画老鼠，小女孩的父母也高兴地在旁边看着，当小女孩把自己的作品拿到父母亲前炫耀时，一家子人都乐了。王丽成了传播快乐的天使。

当然，王丽提到自己的困难时，朋友夫妇满口应承下来。在不久后，王丽接到朋友电话，得知事已办妥，王丽首先想到的是朋友家那个乖巧的小女孩。

谈话是交际中交流直接的手段。进入一个家庭，见到老人、小孩，要想第一次见面便产生“一见如故”的融洽气氛，登门人应该主动引出话题打开话匣，而不应该等待家庭一方搜寻话题勉强问答，因为双方刚刚接触的短时间内，登门人有心理准备更容易找到合适的话题，况且对于老人，你主动开口也表示尊敬；对于小孩，你主动开口表示亲近，消除陌生感。

对老人务必谦恭、礼让。一方面表现了你虚心诚恳，一方面显示出你对长者的尊重、敬仰。那种三言两语就夸夸其谈，将老人晾在一边的做法是不可取的。那样，只能遭到朋友全家人的反感。

小孩天性乖巧，欢乐容易，哭闹也容易，稍有不适就可以导致“风雨满楼”。因此，和小孩交往，必须根据情景，投其所好，把握分寸。要用忠诚、童稚去换取欢悦，不能居高临下、装腔作势、虚情假意。

以老人、孩子为突破口“迂回包抄”之计可以灵活改变求人办事的线路。办事不顺时，不妨用用你的“手腕”，这是不可忽视的获取好感、打通关系的办法。

温馨小贴士

利用人际关系为自己办事，总要先去送人情，送人情太直露显得自己别有所图，像是在交易。怎样使人情送得自然大方，让别人不反感，是求人办事者需要深思的问题。如果将老人和孩子作为送人情的突破口，不仅符合中华民族的传统美德而且符合朋友的心理需求，也就是拍马拍对了地方，朋友心里高兴，所求之事自然就好说了。

利用饭局壮大人脉

现代社会是一个注重人情关系的社会，人情关系从哪里表现出来呢？主要是从饭桌上。没事的时候请朋友吃吃饭是增进关系的有效办法，领导开会吃吃饭是促进沟通的有效途径，商业谈判时吃吃饭是加深了解的大好机会。所以说饭局为扩展人脉创造了很多好机会，我们要不失时机地抓住这些机会加固自己的人脉网络。

权威机构统计，世界上所有的谈判 80%是直接或间接在饭桌上完成的。饮食在衣食住行中占有重要的位置，每个人都需要吃饭。所以饭局成了人与人之间相互联系的平台，人们在这个平台上成功地进行着人脉扩展。那么如何运用饭局扩大人脉呢？成功的生意饭局不论是早餐、午餐还是晚餐，只要是用餐时间，都不应讨论生意上令人不愉快的话题。在轻松愉悦而和谐的环境中进餐是大家共同的心愿，在这一前提下大家可以拥有共同的好心情，在饭前饭后以及用餐时间根据大家的兴趣谈论不同的话题，从而增加彼此的了解，融洽感情。

那么，成功的饭局聊些什么呢？喝饮料时，人们大多聊些高尔夫球、天气之类的话题。等到上主菜时，人们谈的则是美食、艺术、时事及一些无伤大雅的话题。

靠一次宴请说服犹豫不决的立法人员投自己一票是美国白宫政治人员惯用的手法。这一顿饭可以是室外的午餐，可以是非常考究的早餐，也可以是精致的晚宴。但不管是哪一种，每当有重要的提案要投票时，毫无例外地，银质餐具便搬了出来。即使是政治捐款，也总是和吃东西联系在一起的。

有些人认为吃饭是在浪费彼此的时间，这是错误的观点。人们在饭局上花的时间大多不会白花。

国外有个成功的商人做每周工作计划时总是先确定他要同哪些人碰面，然后每个礼拜安排四个早餐、四个午餐和两个晚餐来跟他个人或业务目标有关的人士聚餐。他们可能是客户，也可能是朋友，或是某些有影响的人，也有可能是潜在客户或其他人。

他经常会在街上遇见他想与其一起吃饭的人。所以他在最忙的时候，一周会有四次正式的早餐、午餐和两次晚餐与人共进。因此他一个星期无论多繁忙，仍然有 10 次访谈机会。在很愉悦的时间里加深客户对他的印象。

这是极简单却非常有效的方式，自己吃饭也需要时间。另外，在饭局上人的情绪大都会非常好，容易结成深厚的友谊。拜访 10 位客户需要花费许多时间，可是运用饭局拜访客户，在还没展开正式工作之前，就已经见了 10 位客户了。大部分像这样的吃饭机会，不但可以进一步加强与客户现有的关系，甚至能得到某些很有价值的回报。

有这样一个例子充分说明了饭局是人脉加油站。在北方的农村有一个约定俗成的习惯，每逢过年过节大家都聚在一起吃吃饭、喝喝酒，在酒席上适量喝酒不仅不会对身体造成危害，而且有益身心，除此之外还有一个重要的好处，那就是能在这个时候结识一大帮铁杆朋友，喝酒扎堆，促进交际，以后遇见难办的事情，大家一起伸伸手就轻而易举地解决了。

刘涛就是这样认识张洋的，因为各自的朋友都来酒桌上碰面，他们也就跟着来了，经朋友的介绍就相互认识了，张洋很客气地为刘涛敬酒，刘涛也客气地回敬张洋，这样一来二去大家的话都多了起来，经过聊天得知，两人都在酒水销售行业发展，于是互相记下了对方的电话。酒席结束后几天，张洋请刘涛单独会面谈起了商业上的合作。张洋是名头很大的经销商，而刘涛经营了八家酒水店铺，张洋和刘涛达成协议，在共赢互惠的基础上进行一次大合作，几个月下来，张洋的销售业绩急剧上升，而刘涛在张洋的协助下也淘金不少，两人感慨，多亏了那次酒桌上的相遇，不然哪能有这么好的合作机会呢？

如果你每年多寻找一些机会，和一些可以帮助你的人一起吃饭，可以想象你在个人和事业两方面，都会有所成长。

如果你还没有开始这样做，不妨好好考虑一下。不过在饭局上，不可太过急功近利。你的谈话一定要有弹性，不要硬性推销。重要的不是你做了什么，而是人们对你的这种方式是否接受。最好的方式是不要谈工作，吃饭就是吃饭。有句古语说得好："吃人家的嘴软，拿人家的手短。"只要他们答应和你吃饭，你就可以利用吃饭的时间消除彼此之间的陌生，缩短彼此间的心理距离。下次你找他合作或帮忙时，他就会像对待朋友那样鼎力相助，即使一时帮不上忙也会在适当的时候帮你一把。

另外，你在席间要适当地谈你自己的情况，谈你可以为对方带来什么好处，可以提供什么样的优质服务，让别人认识你的价值，并且表示在对方需要帮助的时候你会挺身而出。

在生活中，饭局对于联系朋友感情加固人际关系起着重要作用。同学聚会，朋友见面都会有饭局。在饭局中，祝酒聊天都是交流沟通增加感情的有效方法。在饭局中增进彼此的了解，加厚彼此的感情，获取重要的信息，达成共识与协议。

仔细盘算，饭局在交往中的作用是很大的。所以在饭局中不断扩充自己的人脉资源，尽量发挥自己人脉资源的作用是非常有必要的。

在认识到饭局的作用后，我们都应该积极参加同事或朋友组织的饭局，活跃在自己的圈子中，成为人脉链条中重要的一环。

温馨小贴士

在中国，饮食文化很发达，吃饭的规矩也很冗繁，在一切从简的现代社会，饭桌上联络感情、拉近关系的规矩却始终未变。“请客送礼”在大家看来不太光明正大，然而这种社会风气影响了华夏民族多少年，直到今天依然盛行。存在即是合理，它的合理之处就在于促进了人与人之间的联系，是各种人际关系产生发展的温床。有效利用饭局壮大自己的人脉是追求成功的上上之策。

借别人的光照自己的路

大家都知道一只萤火虫的光亮是微弱的，朦胧而昏暗的光实在起不了多大作用，但很多只萤火虫聚在一起就可以发出很亮的光。晋代车胤家里很穷，没钱买灯油，而又想晚上读书，便在夏天晚上抓一把萤火虫来当灯读书。所以说只要动脑子就可以借助外在的力量帮助自己实现愿望。

在这个竞争激烈的社会中，个人的力量是有限的，只有善于借助外力才拥有更多成功的机会。借别人的力量、金钱、智慧、名望甚至社会关系，为自己创建事业发挥作用，也就是借别人的光照自己的路，这是非常高明的手段。

现在势力雄厚名扬四海的大企业之中，赤手空拳闯天下而成为大老板的人并不在少数。日本著名企业家、角荣建设公司董事长角荣便是其中之一。他的“预约销售”方法使“没有资金赚大钱”的梦想成为现实。

这个方法其实很简单，譬如，有人要卖某处山坡的地上物时，他就前去找买主，一找到，他就跟买主接洽。不妨来看看他的办法：“那座山上的木料价值有 100 万元以上，主人现在有意以 80 万元脱手，请你把它买下来。2 个月内保证赚一成。超出一成利润时，超出的部分由我所得，如果赚不到一成时，我赔你一成的利润。”

为了确保对方对他的信任，角荣就让有钱的朋友为他做连保。如果买方把它买下来，买好后，角荣就代买主销售，他往往以买价两倍左右的价钱脱手。对于买主来说，两个月就有一成的利润，而一成的利润比一年的银行利息要高出很多，而且可靠，因此找买主并不困难，而角荣借此机会就可以大捞一把。

这项预约促销的方法，显然需要有一定的社会信用才能做得到。如果你有信用，有人能替你保证，你只要有诚意或勤于跑腿，这项事业就可以日益壮大。

在任何事业都需要大本钱的时代里，角荣做这项不要资金的生意的确是令人佩服的方法。他本来一无所有，经过10年的努力，就是靠着这项高超的借术，赚取了10亿日元。这与他广泛而高效的人脉资源是分不开的。

巧妙运用"借"的艺术发家致富是个很高效的办法，借的范围很广，不仅可以借助别人的资金、技术还可以借助名人的名气。

伦敦一家生意萧条的珠宝店，为了摆脱面临倒闭的困境，利用人们对戴安娜王妃的仰慕心理，对顾客介绍说："这是戴安娜王妃前天选购的那种项链。我想，你一定也喜欢它。"那些"爱屋及乌"的"戴安娜"迷们，立刻抢购"戴安娜王妃"赏识的首饰。老板喜上心头，亲临柜台，笑容满面，热情地为前来挑选珠宝的每位太太和小姐介绍："戴安娜王妃"喜欢并购买的那种项链，那些爱赶时髦的"戴安娜"粉丝纷纷解囊购买，使得这一家珠宝店一时门庭若市，车水马龙。仅几天的营业额就超过了开业以来的总营业额，为此额外淘了一桶金。看来，借助名人的名气是一种很有效的经营方法。

在犹太人看来，生意人应该尽力贷款，借助银行的资金为自己办事。如果你不能借用别人的资金做生意是极为困难的，这就是犹太人的思维方式。

著名的希尔顿从被迫离开家庭到成为身价5.7亿美元的富翁只用了17年的时间，他发财的秘诀就是借用资源经营。他借用资源只是手段，目的是让自己成为全部资源的主人。在丰厚的人脉资源的支持下他实现了自己的梦想。

希尔顿就是用借的方法，用5000美元在两年内完成了他的宏大计划。不得不说他是善于利用别人的高手。其实这样的办法说穿了也十分简单:找一个有实力的利益追求者,想尽一切办法把他与自己的利益捆绑在一起，使之成为一个不可分割的共同体,让他帮助自己实现自己的目标。

聪明人有聪明的“借”法。在许多时候,借别人之光照自己的路是明智而高超的人脉经营之道。当做一件事情对自己有利对别人无害的情况下,如果自己再拿出一小部分利益分给帮助自己的人就可以“双赢”。双赢会促使双方的合作更融洽更持久。这种融洽而持久的合作会提升自己的信用度,又会促使我们在这个过程中积累大量优质的人脉资源，从而更加有利于自己与别人的交往。这种良性循环一旦建立起来,就会带来惊人的经济效益。

温馨小贴士

借别人的光照自己的路是智者之举，是对现有资源的合理利用。只有学会借光才能把路走得更长远。借亦有道,只有掌握了借的“窍门”才可以将其拿来为我所用。人与人之间是相互的，在借光的同时也在放光，为了能够释放出更多的光芒，首先要开动脑筋去借光。在联系密切的当今社会，你的每一条人脉都可能成为你的光源，你的人脉有多少，你的光源就有多强,你能走的道路就有多远。